Heimatlosigkeit

Heimatlosigkeit

Fragen an Deutschland

Studenten und Dozenten
am Institut für Waldorfpädagogik Witten / Ruhr
zum 3. Oktober 1990

herausgegeben von Andreas Suchantke

Urachhaus

Der Erlös dieser Schrift kommt dem Stipendienfonds für ausländische – insbesondere osteuropäische – Studierende am Institut für Waldorfpädagogik Witten zugute.

CIP-Titelaufnahme der deutschen Bibliothek

Heimatlosigkeit : Fragen an Deutschland / Studenten und Dozenten am Institut für Waldorfpädagogik Witten/Ruhr zum 3. Oktober 1990. Hrsg. von Andreas Suchantke. –
Stuttgart : Urachhaus, 1991
ISBN 3-87838-682-6
NE: Suchantke, Andreas [Hrsg.]; Institut für Waldorfpädagogik ⟨Witten⟩

ISBN 3 87838 682 6

Umschlaggestaltung: Bruno Schachtner, Dachau.
Satz und Druck: Offizin Chr. Scheufele, Stuttgart

Inhalt

Deutscher Nationalcharakter

Zur Nation euch zu bilden,
ihr hoffet es, Deutsche, vergebens;
Bildet, ihr könnt es,
dafür freier zu Menschen euch aus!

Goethe, Xenien

Von der Heimatlosigkeit der Deutschen

Andreas Suchantke

Die vorliegende Schrift ist das Ergebnis einer Studenten-Initiative: Wie soll man den 3. Oktober 1990, den Tag der Wieder- (oder besser Neu-)Vereinigung begehen? Nationale Euphorie spürte niemand, um so mehr waren Fragen, Zweifel, Sorgen da, auch Hoffnungen. So wurde denn der Tag im Institut für Waldorfpädagogik zu Gesprächen, zum Gedankenaustausch, zu Referaten und Kurzbeiträgen der Studenten und Dozenten genutzt, aus dem Bedürfnis, Einsicht an die Stelle von Emotionen zu setzen und die Fragen und Forderungen der Zeit zu verstehen, um ihnen besser gerecht werden zu können.

Die Situation hätte für das Vorhaben nicht glücklicher sein können. Unter den Studenten des Institutes, künftigen Lehrern an Waldorfschulen, befinden sich neben Westdeutschen auch Teilnehmer aus den östlichen Landesteilen, aus der ehemaligen DDR, die erst vor wenigen Wochen gekommen waren. Sie treffen sich mit Menschen aus Ungarn, Polen, Rußland, Italien, Frankreich, der Schweiz, aus Israel, der Türkei, aus Algerien und Japan, Argentinien, Chile und Brasilien: die Welt im kleinen.

Tatsächlich: sind nicht alle kulturell innovativen Gruppierungen übernational? Sucht man, auf welchem Gebiet auch immer, die Avantgarde im technisch-wissenschaftlichen Bereich, im Management der Wirtschaft wie im Umweltschutz, so ist sie stets international besetzt. Auch die Probleme, die Aufgaben, die heute Priorität haben, sind überregional, ja von globalen Ausmaßen: die Verflechtungen und Risiken der Weltwirtschaft mit ihren sozialen und politischen Begleiterscheinungen, die ökologische Krise, die Flüchtlingsbewegungen über die Welt hin. Nicht wenige der gegenwärtigen Probleme und Konflikte werden hingegen gerade durch die gegenteiligen Tendenzen verursacht: durch nationalistische (und ihnen wesensverwandte rassistische und religiös-dogmatische) Egoismen, durch Ausgrenzung, Diskriminierung und Verfolgung des »anderen«.

Die Sammlung vereinigt einige der – wie wir meinen – besonders aussagekräftigen und für die gegenwärtige Situation Deutschlands charakteristischen Beiträge der Dozenten und Studenten des Institutes. Mit aufgenommen wurde eine zeitgeschichtliche Skizze von Jens Heisterkamp vom nahegelegenen Novalis-Hochschulseminar in Dortmund. Diese Nachschrift eines gleichfalls am 3. Oktober gehaltenen Vortrages ergänzt die anderen Beiträge durch ihren weiter gespannten Bogen auf glückliche Weise.

Was aber ist charakteristisch? Vielleicht auch, daß so manches von dem, was gegenwärtig von vielen erlebt und empfunden wird, im Meinungsmarkt der Medien nur am Rande auftaucht und deshalb marginal, bedeutungslos erscheint. Oder beschimpft wird – wie Günter Grass' Einreden gegen die Wiedervereinigung.

Er steht damit ja keinesweg allein. Mehr noch: einige der Beiträge westdeutscher Studenten (Wolfgang Bischofs, Volker Wiemer-Kroll) zeigen eine in der jüngeren und mittleren Generation verbreitete Un-Beziehung, Nicht-Beziehung zu Begriffen wie Deutschland, Nation, Vaterland. Sie rufen bei ihnen allenfalls Gefühle des Unbehagens und Mißtrauens hervor: Die Begriffe bleiben belastet, da nützen auch alle gutgemeinten Ratschläge von Vertretern anderer Nationen, die ein (noch?) ungebrochenes Verhältnis zu ihren Heimatländern haben, nichts. Und Hohn ernten diejenigen, welche dazu auffordern, die Vergangenheit endlich ruhen zu lassen, die junge Generation habe doch, dank »der Gnade der späten Geburt« (wie es Bundeskanzler Kohl ausgerechnet in Israel formulierte), damit nichts zu tun. Sie hat sogar sehr viel damit zu tun, da sie *bewußt* (nach)erlebt, was von der Generation der Väter – wohl, weil allzu übermächtig – verdrängt und ins Vergessen abgeschoben wurde.

Heimatlosigkeit also. Ein ambivalenter Zustand, der seine zwei Seiten hat. Die eine: Verlust auch der Beziehung zur deutschen Kultur vor der Nazi-Ära (»nach Auschwitz kann man nicht mehr Goethe lesen«), als seien deutsche Kultur und deutsche Nation identisch; sie sind es nicht, und in einem der Beiträge (Deutschland in Europa) wird aufgezeigt, wie wenig sich beide decken. Gleichzeitig versucht der Beitrag über das (Un)-Wesen des Nationalismus diesen Begriffskomplex zu durchleuchten und ihn mit positiven Gegenbildern zu konfrontieren. Der letzte, schrecklichste Versuch, deutsche Kultur zu nationalisieren, hätte beinahe zu ihrer vollständigen Vernichtung geführt – sie konnte bekanntlich nur außerhalb der nationalen Grenzen und in Verstecken überleben.

Heimatlosigkeit kann aber auch das Gegenteil bedeuten, nämlich die Möglichkeit zu neuem Gewinn; verloren geht die kindlich naive, unreflektierte Liebesbeziehung zum eigenen »Elternhaus«, die alles als fremd empfindet, was jenseits des Gartenzaunes und außerhalb der eigenen Sippe ist. An ihre Stelle tritt ein distanzierteres, kritischeres Verhältnis, der eigenen Unabhängigkeit angemessen: Erwachsenwerden. Damit aber muß die Verbindung nicht abgebrochen werden, sie wandelt sich lediglich, entsprechend der eigenen Entwicklung, die doch auf Weltbürgertum gerichtet ist und zur Fähigkeit führt, andere Kulturen zu respektieren, mit ihnen leben zu können, ohne die eigene Identität aufzugeben.

Ganz anderes und doch im Grunde das gleiche erleben gegenwärtig die Menschen der östlichen Teile des neuvereinten Deutschlands – anders, weil sehr viel jäher in die Heimatlosigkeit geworfen. Abhanden kommt ihnen unvermittelt zweierlei: einmal die private Geborgenheit und die mitmenschliche Nähe und Wärme, in die sie sich schutzsuchend zurückziehen konnten. In diesem Ruhepol vermochten sie zu überleben. Diese private Sicherheit zerbricht jetzt, und auch die menschlichen Beziehungen reißen vielfach auseinander.

Zerstört ist zum anderen auch die Hoffnung, eine erneuerte, »bessere« DDR nach der Wende aufbauen zu können, nach dem kraftvollen, friedlichen Aufbruch der Jahreswende 1989/90, der die Menschen zu sich selbst zurückfinden ließ. In dem Beitrag von Ina Roland, Studentin aus Frankfurt/Oder, klingt die tiefe Enttäuschung nach, die die Gefahr in sich birgt, in Mutlosigkeit und Resignation zu verfallen. Große Teile der eigenen Bevölkerung wollten es eben anders. Sie erzwangen mit ihren Rufen »Deutschland, einig Vaterland« und den schwarz-rot-goldenen Fahnen, die alsbald in den Demonstrationen aufzutauchen begannen, die Vereinigung: wie eine Lawine, die losbricht und, nur ihren eigenen Gesetzen gehorchend, alles hinwegfegt, was sich in den Weg stellt – von niemand geplant, von niemand vorausgesehen. Ein eklatantes Beispiel dafür, wie Impulse deutschen Kultur- und Geisteslebens einer- und deutschen Nationalgefühls andererseits nicht nur nichts gemeinsam haben, sondern einander entgegengesetzt sind – Bewußtsein hier, Emotionen dort – und das eine das andere nur allzuleicht tottrampelt.

Dazu kommt das Erlebnis der Fremdheit – sehr drastisch im Beitrag von Christian Hüther aus Jena beschrieben – gegenüber dem anderen, dem mächtigeren, reicheren Teil Deutschlands, dem man nun nolens volens ausgeliefert ist. Aber ist nicht auch das ein unvermeidliches Erlebnis am Anfang des Weges zum Weltbürgertum? Die idyllische Nische war doch Provinz und in Wirklichkeit Gefängnis. Die Welt schritt weiter – weniger im Westen als im »befreundeten« Osten, in der Sowjetunion, im benachbarten Polen und in Ungarn –, und man blieb aus- (oder ein-)gesperrt. Die ersehnte Freiheit ist jetzt da, auch wenn sie zunächst nur Nachteiliges zu bringen scheint: Kälte, Verunsicherung, Einsamkeit. Es ist zunächst ein Freisein *von* etwas, das erst in Freiheit *für* etwas verwandelt werden muß.

Eine entscheidende Frage bleibt indes: Ist wirklich »totgetrampelt«, was sich an der Wende im östlichen Teil Deutschlands regte? Vielleicht gibt es auch in kulturgeschichtlichen Prozessen so etwas wie Oberflächenströme und Grundwasser; wo die ersteren bereits in der Wüste versickern, fließt das andere noch lange unterirdisch weiter und ermöglicht mancherlei Leben, wenn dessen Wurzeln nur tief genug herabreichen. Jedenfalls kennt die Geschichte diese beiden Ströme genau, etwa im Falle des äußeren, »offiziellen«, von weltlicher Macht usurpierten und zur Fortsetzung des lediglich neu eingekleideten Cäsarentums mißbrauchten Christentums; das wahre Evangelium wirkte unterirdisch weiter. Stets aufs heftigste von seinem Gegenbild attackiert, wagte es sich an die Oberfläche. Und haben nicht auch die Ideen der Französischen Revolution trotz äußerlichen Scheiterns, trotz des Zugriffs Napoleons und trotz der Restauration weitergewirkt und *das Bewußtsein der Menschen verändert?* Sie haben doch zu Folgen geführt – etwa in den sozialen Bewegungen des 19. und 20. Jahrhunderts –, die zwar keinen äußeren, historisch greifbaren Zusammenhang mit ihrem eigenen Ursprung erkennen lassen, aber in innerer Kontinuität damit stehen und ohne diese Quellen gar nicht hätten zur Wirksamkeit kommen können. Ähnliches gilt für die Jugend»revolte« der 68er, die äußerlich gescheitert sein mag, aber einen Bewußtseinswandel initiierte, ohne den die heutige kritische Distanz gerade der jüngeren Deutschen gegenüber der Hohlheit nationalen Pathos' gar nicht denkbar wäre, ganz zu schweigen von den gesellschaftlichen Umbrüchen, die in einem früheren, von Untertanengeist geprägten Deutschland unvorstellbar gewesen wären: die vielen basisdemokratischen

Bewegungen (in denen sich das politische und gesellschaftliche Verantwortungsbewußtsein der Bürger äußert und der Wille, mitzubestimmen), die neue Frauenbewegung, das wache Umweltbewußtsein vieler. Die moralische Kraft, die Geistesgegenwart derjenigen, die die friedliche Wende herbeiführten, war nicht vergebens. Das kann nur glauben, wer nur die Oberflächenströme sehen will. Es ist Teil der deutschen Kultur – eben nicht der Nation! – geworden und ist im Begriff, als ein originärer deutscher Kulturbeitrag weltweit auszustrahlen. Wenn Deutschland, wenn deutscher Kultur heute wieder Achtung und Aufmerksamkeit von der Welt entgegengebracht wird, dann dadurch, und nicht durch die Neuvereinigung. Auch wenn die Schatten gewesener Barbarei nicht ausgelöscht sind – wie könnten sie! –, so ist doch etwas Neues hinzugekommen: die Erfahrung, daß gerade die Bürde der Vergangenheit Anlaß zum Bewußtseinswandel und zur Entwicklung moralischer Kräfte und Fähigkeiten werden kann.

Die Usurpierung dieser Leistungen und ihre Verkehrung ins Gegenteil – beziehungsweise ihre Abdrängung ins »Grundwasser« – ist natürlich längst in vollem Gang, wie die Auswüchse westdeutschen Kolonialgebarens im Bereich der neu dazugekommenen Bundesländer in aller Deutlichkeit zeigen. Der Beitrag von Jens Heisterkamp weist dabei auf beklemmende Parallelen zu ganz ähnlichen Abläufen, die sich schon einmal in Deutschland abspielten und in deren Verlauf freiheitliche, schöpferische Impulse, von Bürgerbewegungen wie von einzelnen getragen, abgewürgt und ins Gegenteil verkehrt wurden: Geschichte von höchster Aktualität. Geistleere und Ideenarmut kennzeichnen nicht nur weithin die deutsche Nachkriegsentwicklung, sondern, was Wunder, auch die gegenwärtige Inbesitznahme und Neustrukturierung der ehemaligen DDR. Ideen und Vorschläge dazu, nicht an grünen Tischen ausgedacht, sondern vorgebracht von jemand, der selbst in aktiver Mitarbeit am Aufbau eines freien, von staatlicher Bevormundung unabhängigen Bildungs- und Erziehungssystems tätig ist – in Gründungsinitiativen Freier Waldorfschulen in den neuen Bundesländern – beschließen den Reigen.

Der Herausgeber dankt allen Beteiligten für die Bereitschaft, ihre Beiträge in überarbeiteter Form zur Verfügung zu stellen. Als sowohl Deutscher wie Schweizer empfindet er sich als Mitbetroffener und Zuschauer zugleich. Von letzterer Warte aus beeindrucken ihn die kritische Nüchternheit und schonungslose Ehrlichkeit der Versuche, sich gegenüber dem eigenen Land, der eigenen Nation sehr selbständig ein emotionsfreies, objektives und bewußtes Verhältnis zu erarbeiten. Das nötigt Respekt ab und schafft Vertrauen.

... es ist der Charakter der Deutschen,
daß sie über allem schwer werden,
daß alles über ihnen schwer wird.

Goethe in »Wilhelm Meisters theatralische Sendung«

Die Vergangenheit als erlebte Gegenwart: Bürde und Chance zugleich

Volker Wiemer-Kroll

Von nun an soll also »zusammenwachsen, was zusammengehört«, allein dadurch, daß sich die beiden deutschen Staaten zu einem gemeinsamen verbinden. Meine persönliche Geographie wird sich folglich erweitern müssen: Stralsund und Wismar, die Lausitz, Thüringen und Vorpommern – die weißen Flecken auf der inneren Deutschlandkarte – werden heimatlich eingefärbt.

Durch politische Entscheidungen herbeigeführt, wird spätestens in diesem Moment auf ein latentes Dilemma gedeutet: Welche Bedeutung hat für mich die Tatsache, Deutscher zu sein, welche Färbung besitzt mein Heimatgefühl?

Ich spüre, daß mit dem Tage der »Wiedervereinigung« derartige Fragen erneut gestellt werden und auf Beantwortung drängen, weil die Erwartungen an dieses Deutschland und die daraus folgende Verantwortung für dieses Land meines Erachtens nur auf der Grundlage völliger Klarheit über Begriffe wie Nation oder nationale Identität gemeistert werden können.

Um die Freude an dem Vereinigungsprozeß mit zu empfinden, bedürfte es der Gewißheit, die Ursachen der Teilung begriffen und bewältigt zu haben. Natürlich sind die ökonomischen Folgen des Zweiten Weltkrieges längst überwunden, dennoch ist untergründig eine gewisse Gebrochenheit zu bemerken, über die ich hier sprechen möchte.

Denn – da ist doch etwas in deutschem Namen in die Welt getragen und mit typischer Gründlichkeit beinahe bis zum bitteren Ende gebracht worden, was untrennbar mit den Namen

Treblinka, Buchenwald, Theresienstadt und Auschwitz verbunden bleibt!

Mit Hilfe deutscher Tugenden wurde nicht nur die Kriegsmaschinerie geplant, aufgebaut und betätigt, sondern auch der Holocaust konzipiert und abgewickelt. Pflichtbewußtsein, Tatkraft, analytische Fähigkeiten, Disziplin, Geradlinigkeit und zielstrebiges verläßliches Handeln – aber auch Sauberkeits- und Ordnungssinn sowie Pünktlichkeit wurden eingesetzt, um ein Menschheitstabu zu brechen.

Sogar an Kunstverstand fehlte es dabei nicht, denn die Planer und Herrscher der Vernichtungslager vermochten durchaus im »Geist von Weimar« den Dienstschluß mit Goethe und Schiller zu verbinden oder gemeinsame Kammermusikabende zu veranstalten.

In welchem Ausmaß dadurch die Tradition deutscher Kultur usurpiert wurde, wird durch die Tatsache erhellt, daß die Kraft zur Befreiung vom Nationalsozialismus nicht als eigene deutsche Reinigungs- oder Sühneleistung erlebt werden konnte, sondern von den vier Siegermächten aufgebracht werden mußte.

Wie wurde nun nach dem Kriege mit dieser Schuld, mit der gemeinsamen Verantwortung (Theodor Heuss) umgegangen?

Hier waren vor allem die Erzieher aufgerufen, doch Eltern, Lehrer, Ärzte, Juristen und Künstler waren entweder persönlich schuldig oder durch das Trauma des Unfaßlichen ebenso gezeichnet wie unfähig, die Kraft zu neuen Ansätzen zu finden.

So wurde der Wiederaufbau des zerstörten Deutschland ausschließlich der Bewältigung der Kriegsschäden gewidmet, und die Restauration begann.

Die in diese Zeit Hineingeborenen – meine Zeitgenossen – sahen sich damit vom deutschen Zivilisationsstrom abgetrennt. Durch ein Beispiel sei dies verdeutlicht:

Elementar Künstlerisches, wie das Singen oder die Rezitation von Gedichten, fand während meiner Schulzeit lediglich als »pädagogische Maßnahme« statt – ohne Seelenwärme zu vermitteln; auf eine Weise, die eine innere Verbindung ausschloß. Im Rückblick erscheint mir das altersgemäße Eintauchen in den kulturellen Umkreis seltsam gedämpft gewesen zu sein, so daß meine Seelenkräfte keinen Ansatzpunkt zur Bindung oder gar Identifikation finden konnten.

Wirft man einen Blick beispielsweise auf das deutsche Liedgut meiner Jugendzeit, so strotzten die Sammlungen nur so vom Geist nordwärts rauschender Wildgänse. Deren schriller Schrei hallte noch lange nach dem Zusammenbruch durch die einschlägigen Liederbücher.

Mit derart von Ungeist belastetem Material mußte der Versuch des Neubesinnens und der Läuterung scheitern. Damit aber – und das scheint mir bezeichnend für meine Generation – nahm man uns die Lieder.

Diese Tatsache wurde mir erst Jahre später bewußt, als man mich, anläßlich eines europäischen Theatertreffens, aufforderte, doch einmal ein »typisches deutsches Volkslied« zu singen. Ich konnte diesem Wunsch nicht nachkommen – und ich wollte dies auch gar nicht!

Die Läuterung und Neubestimmung der deutschen Tugenden spielte im damaligen Deutschland keine zentrale Rolle, vielmehr herrschte die Wirtschaftswunderstimmung vor. Die verbreitete Unfähigkeit zu trauern, wie sie Alexander Mitscherlich beschrieben hat, wurde jedoch durch einzelne Künstler überwunden. Es gehört zu den unschätzbaren Verdiensten solcher Autoren wie Heinrich Böll, Günther Grass oder Günther Eich, den Versuch zur Bewältigung der erlittenen Erfahrungen gewagt zu haben. Ihr beharrliches unbequemes Fragen, ihr Ringen um Moral und Ethik und um die künstlerisch gemäße Form vor dem Hintergrund der Katastrophe eröffnete mir erst den Zugang zur deutschen Kultur. Es bedurfte dieser Werke, um Goethe und Schiller neu ergreifen und an den Geist von Weimar anknüpfen zu können.

Damit jedoch wurde der abgerissene oder unterbrochene Strom deutscher Kultur im Nachkriegsdeutschland wieder aufgenommen und das unvoreingenommene Wahrnehmen der »Zeit davor« ermöglicht.

Ein zweites scheint mir aus dieser Erfahrung hervorzugehen. Ebenso wie die kulturelle Neubesinnung als individuelle Leistung erbracht wurde, müssen auch die Kategorien Nation, Vaterland, Heimatgefühl von jedem einzelnen mit neuen Inhalten gefüllt werden.

Aus der Bürde der gemeinschaftlichen Mitverantwortung erwächst somit die Chance – und die Forderung – an den einzelnen, seine Stellung diesen Begriffen gegenüber zu klären und echte Erkenntnisprozesse anzustreben.

Ob dieser Erkenntniswille, angesichts des überbordenden einseitigen Vereinigungsgeschehens, Platz greifen kann, bleibt abzuwarten.

Hier liegt eine Aufgabe vor jedem von uns.

Rückfälle sind denkbar

Wolfgang Bischofs

Wenn Fahnen mit Nationalfarben geschwenkt werden, so denke ich mit einem Gefühl der Beklemmung an Auswüchse, die aus Nationalbezogenheit entstehen können. Daß solche Auswüchse nicht nur der weiter zurückliegenden Vergangenheit angehören, konnte erlebbar werden, als vor wenigen Jahren in einem englischen Hafen Menschenmengen jubelnd und Nationalfähnchen schwenkend die Kriegsschiffe verabschiedeten, die zum Kampfgebiet bei den Falklandinseln aufbrachen.

Nun gibt es auch ganz andere Anlässe, Nationalfahnen zu schwenken, etwa beim Thronjubiläum der englischen Königin, bei einer Fußballweltmeisterschaft oder anläßlich der Feiern zur deutschen Wiedervereinigung. Und sicherlich muß nicht jeder begeistert dabei Mitziehende zwangsläufig ein Kriegsbegeisterter von morgen sein. Man kann aber doch fragen, was mit jenen Menschen geschieht, die ihren Nationalrausch dann auch fahnenschwenkend bei einem Kriegsausbruch zum Ausdruck bringen. Was liegt vor, wenn Nationalgefühle allmählich abgleiten in einen extremen Nationalismus, in Haß und Kriegshysterie?

Im Irak und in einigen westlichen Ländern droht sich zur Zeit in der Golfkrise* Ähnliches anzubahnen, dessen Folgen noch nicht absehbar sind. Eindeutige, folgenschwere Beispiele finden wir in unserer eigenen, deutschen Vergangenheit; noch

* Der Beitrag wurde vor Ausbruch des Krieges geschrieben.

leben Menschen, die den Zweiten Weltkrieg in Luftschutzkellern, in Konzentrationslagern und an den Kriegsfronten durchlitten haben. Wenn ich höre, was diese Menschen erzählen, so vergeht mir die Begeisterung für Nationales. Wurde doch vor und während dieses Krieges der Superlativ von ›deutsch‹ gepredigt. Auch der Erste Weltkrieg begann mit Jubel und Fahnenschwenken und endete in den blutigen Schlachten von Verdun und an der Somme.

Nach dem Schock des Ersten Weltkrieges bestand zunächst Einmütigkeit darüber, daß so etwas nie wieder geschehen dürfe. Es ist bedrückend, anhand der Dokumente zu verfolgen, wie diese Einmütigkeit allmählich schwand und ein Volk letztlich wieder bereit war, sich hochpeitschen zu lassen zum ›totalen Krieg‹.

So sehr mich die heutige einhellige Zustimmung zu einem friedlichen Deutschland freut, wie sie etwa in den Äußerungen von Richard von Weizsäcker zum Ausdruck kommt – die Gefahr, daß ein Volk die Fehlentwicklungen der Vergangenheit zu vergessen bereit sein könnte, steht mir dennoch vor Augen. Die Möglichkeit, daß Nationalgefühl in Nationalismus und Fremdenhaß abgleiten kann, wohnt in jedem Volk. Ob wir, die Bevölkerung der jetzt vergrößerten Bundesrepublik, diese Gefahr zu bannen vermögen, muß sich langfristig erweisen. Mein Unbehagen, als am 3. Oktober Fahnen geschwenkt wurden, will ich nicht verhehlen. Ich fürchte mich vor Tendenzen, die bereits Friedrich Rückert (1788–1866) auf poetische Weise ad absurdum führte:

Grammatische Deutschheit

Neulich deutschten auf Deutsch vier deutsche Deutschlinge deutschend,
Sich überdeutschend am Deutsch, welcher der Deutscheste sei.

Vier deutschnamig benannt: Deutsch, Deutschering, Deutscherling, Deutschdich.
Selbst so hatten zu Deutsch sie sich die Namen gedeutscht.
Jetzt wettdeutschten sie, deutschend, in grammatikalischer Deutschheit,
Deutscheren Comparativ, deutschesten Superlativ.
›Ich bin deutscher als deutsch.‹ ›Ich deutscherer!‹ ›Deutschester bin ich.‹
›Ich bin der Deutschereste, oder der Deutschestere.‹
Drauf durch Comparativ und Superlativ fortdeutschend,
Deutschten sie auf bis zum – Deutschesteresteresten,
Bis sie vor comparativisch und superlativischer Deutschung
Den Positiv von Deutsch hatten vergessen zuletzt.

Wesen und Unwesen des Nationalismus

Hans-Gerhard Wyneken

Überall dort, wo der entwicklungshemmende Zwang des kommunistischen Systems wegfällt, wird der Wunsch nach Selbstbestimmung in den Völkern wach. Gleichzeitig aber flammen nationalistische Emotionen auf und führen zu Konfrontationen der Nationalitäten, der Kultur- und Sprachgruppen – im Baltikum, in Rumänien, im Kosovo, in Aserbeidschan und Armenien, in Moldawien und so fort. Auch in Teilen Deutschlands, so hört man, soll es Ansätze dazu geben.

Wo liegt die Wurzel des Nationalismus, und womit hängt es zusammen, daß Menschengruppen durch nationalistische Parolen so leicht emotionalisierbar sind und politisch benutzt werden können? Es gilt, die Schicht im Menschen aufzuspüren, in der diese Gefühle entstehen, um ihre Natur zu erkennen und sich Klarheit darüber zu verschaffen, wie mit ihnen umzugehen ist.

Es ist die gemeinsame Sprache, die die Zusammengehörigkeit eines Volkes ausmacht. Jede Sprache impliziert eine spezifische Art zu denken, zu fühlen; damit vollzieht sich das Erleben der Welt und das Verarbeiten der Eindrücke bei allen Angehörigen eines Sprachraumes auf einer nahezu identischen Grundlage. Es bilden sich gemeinsame Gebräuche und eine gemeinsame Kultur. Innerhalb des eigenen Sprachkreises versteht man sich, sprachlich und emotional.

In vergangenen Kulturepochen bewegte man sich so gut wie ausschließlich im muttersprachlichen Bereich, begründete darin Großfamilien und schuf damit *Fortpflanzungsgemeinschaften* – eine Sippe, einen Stamm, ein Volk, das sich von anderen unterschied und spezifische Eigenarten ausbildete – nicht nur auf der kulturellen Ebene, sondern als Fortpflanzungsgemeinschaft, das heißt als biologische Population, mehr oder weniger ausgeprägt bis in den Körperbau hinein. Fremde Zuwanderer wurden entweder ausgegrenzt (Zigeuner!) oder assimiliert, wenn sie die Sprache und die Sitten des Landes annahmen; wo sie als Unterwerfer (Usurpatoren) auftraten, konnten sie in bestimmten Fällen kulturell assimiliert werden. Menschen hingegen, die eine andere Sprache hatten, verstand man nicht, sie wurden verächtlich und abwertend als Barbaren bezeichnet. Die Ablehnung konnte und kann sich bis zur affekthaften, körperlichen Aversion steigern – man kann sich buchstäblich nicht riechen.

Beide, die Antipathie gegenüber Fremden und die Sympathie gegenüber Mitgliedern des eigenen Stammes oder Volkes, haben ihre Wurzeln in einem kollektiven Selbsterleben, einem gruppenhaften Gemeinsamkeitsgefühl und weisen auf den unreflektierten, nicht von der Vernunft durchdrungenen Bereich der Affekte und Emotionen, der starken spontanen Antriebe und Aggressionen. Dieses von Selbsterkenntnis noch ungetrübte Daseinsgefühl im Kollektiven gibt dem einzelnen ein von außen entlehntes Selbstwertgefühl, durch das individuelle Schwächen kompensiert werden können. Gleichwohl, und das darf nicht unterschätzt werden, bedeutet dieses Gemeinschaftsgefühl in einem Stamm, einem Volk doch bereits einen ersten Schritt hin zur Individualisierung innerhalb der Gesamtmenschheit – einer Individualisierung allerdings noch nicht der Individuen, wohl aber der Gruppen.

So bildeten sich die ersten orientalischen Hochkulturen dadurch heraus, daß herumschweifende Stämme seßhaft wurden, sich von den anderen unterschieden, sie abwehrten und als Feinde betrachteten. Eine Umwertung aller bisherigen Werte fand statt, denn was bei den Jägern und Sammlern Tugenden waren, wurde jetzt zu Untugenden, die es zu bekämpfen galt. So bedrohten die semitischen Stämme das ägyptische Reich, so wollten die Latiner die urbane Kultur der Römer nicht akzeptieren und zwangen diese dadurch, ihren Herrschaftsbereich über ihre Stadt hinaus zu erweitern.

Das Expansionsstreben des Römischen Reiches gab sich seine Legitimation dadurch, daß es die Stammesstruktur der umliegenden Völker durch das allgemein menschliche Prinzip des auf universeller Vernunft beruhenden Rechts zu ersetzen suchte, um dem Individuum in der Gesellschaft Raum und Sicherheit zu geben. (Patria = Vaterland ist bei den Römern schon ein abstrakter Begriff, nicht nur die Beschreibung eines Lebensgefühls.)

Tendenzen zu einer freien Entfaltung der Einzelpersönlichkeit finden sich zwar schon in der griechischen Antike, werden jedoch erst in der christlichen Ära bestimmend – so sehr, daß man darin geradezu ein Spezifikum der abendländisch-christlichen Sphäre sehen muß: keine andere Kultur der Welt zeigt dieses Leitmotiv. Allerdings ist auch die ganze mittelalterliche und neuzeitliche Geschichte eine ununterbrochene Kette von Widerständen dagegen; angefangen bei den alten germanischen Stammesstrukturen, die der mittelalterlichen Reichsidee – dem Versuch, das Ideal des römischen Staatsgedankens mit den Inhalten des Christentums zu verbinden – entgegenstanden, und bis hin zur Unterdrückung des Individuums durch feudalistische und kirchliche Mächte und schließlich durch Kapitalismus und Kommunismus der Gegenwart und jüngsten Vergangenheit.

Durch die Industrialisierungs- und Verstädterungsprozesse, die sich im 17. Jahrhundert in England und Frankreich allmählich, im 18. und 19. Jahrhundert in ganz Westeuropa immer rascher entwickelten, wurden die mittelalterlichen Gruppenstrukturen radikal zerstört, die Landbevölkerung entwurzelt.

Damit trat das Bedürfnis nach einem neuen Halt für das sich schwach empfindende vereinzelte Ich auf, dem der äußere Halt genommen wurde. Parallel dazu vollzog sich die allmähliche Auflösung der engen Fortpflanzungsgemeinschaften durch freie Wahl des Ehepartners (der nicht mehr aus der heimischen Gruppe, sondern von irgendwoher stammen konnte). Zunehmend schwand damit das Gefühl der Beheimatung in einer Gruppe Blutsverwandter – ein weiterer Faktor, durch den das Bedürfnis des noch schwachen Einzel-Ich nach neuem Zusammenhalt verstärkt wurde. Die Massierung der ursprünglich ländlichen Bevölkerung als Proletariat in den Städten vollzog sich in Frankreich schon früh, im Verlaufe des 17. und 18. Jahrhunderts; in jenem Land also, in dem dann am Vorabend der Revolution der Begriff der Nation geboren wird: In seiner berühmt gewordenen Flugschrift »Was ist der Dritte Stand« definiert der Abbé Sieyès die Nation als die Gemeinschaft derjenigen, die durch ihre Arbeit zum Wohl des ganzen Volks beitragen. Den Adel schließt er als parasitäre Gesellschaftsklasse aus der Nation aus. Einem Volk gehörte man ursprünglich durch seine Geburt an; jetzt spielt die Geburt keine Rolle mehr, sondern die Art und Weise, wie sich der einzelne in den Staat, in die Nation arbeitend hineinstellt. Nation ist ein rationaler, nicht aus einer ursprünglichen Empfindung abgeleiteter Begriff.

Das deutsche Nationalbewußtsein dagegen durchlief eine andersartige Entwicklung. Bevor es den veräußerlichten, wilhelminisch-militaristischen Ungeist annahm, der Deutschland in den Ersten Weltkrieg trieb, trug es – in prononciertem Gegensatz zum rationalistischen französischen Nationalbewußtsein – idealistische, an den Höhepunkten deutschen Kunst- und Kulturschaffens orientierte Züge. Es entstand während der Romantik und in der Zeit der Befreiungskriege und richtete den Blick auf das Individuum als das aus sich selbst heraus tätige Geistwesen – das autonome Ich als Ausdruck des Nationalcharakters der Deutschen! Fichte umschreibt es in den folgenden Worten: »Alle, die entweder selbst schöpferisch und hervorbringend das Neue leben … oder die, falls sie auch nicht so weit wären, die Freiheit wenigstens ahnen und sie nicht hassen oder vor ihr erschrecken, sondern sie lieben: alle diese sind ursprüngliche Menschen, sie sind, wenn sie als ein Volk betrachtet werden, … Deutsche.«[1]

Gegenüber dem in Frankreich entstandenen nationalegoistischen Begriff (»La Grande Nation«) trägt sein deutsches Pendant geradezu metaphysische Züge – es war erstrebenswertes Ideal, aber nicht Realität, und konnte wohl auch deshalb nicht verhindern, daß sich auch in Deutschland sehr kräftige großdeutsche Nationalegoismen breitmachten. Es hat im Grunde mit dem, was landläufig unter Nationalismus verstanden wird, nichts mehr zu tun, um so mehr aber mit einem Geist, dem letztlich alle jene Vertreter unterschiedlichster Nationen angehören, die einerseits die höchsten Repräsentanten ihrer eigenen nationalen Kulturen sind, andererseits gerade dadurch über diesen engen Rahmen hinauswachsen und zu Teilhabern einer Kultur der ganzen Menschheit werden. Auf diese Stufe stellt Fichte und mit ihm andere herausragende Gestalten deutscher Kultur wie Novalis oder Nietzsche[2] die wahre Bestimmung deutschen Wesens: Nationales und Kosmopolitisches sind nicht länger Gegensätze, sondern notwendige Ergänzung: »Es gibt nämlich Völker, welche, indem sie selbst ihre Eigentümlichkeit beibehalten und dieselbe geehrt wissen wollen, auch den andern Völkern die ihrigen zugestehen und sie ihnen gönnen und verstatten; zu diesen gehören ohne Zweifel die Deutschen …« (Fichte a. a. O.). Menschen solcher Art sind in hohem Maße freie, in sich selbst gegründete Individualitäten, zwischen ihnen und den Vertretern eines dumpfen, kollektiven

1 Johann Gottlieb Fichte (1808): Reden an die deutsche Nation.
2 Siehe die entsprechende Zitate auf den Seiten 41 und 53 dieser Schrift.

Nationalempfindens liegen Welten. Obwohl auch sie bestimmten Nationen angehören und darin ihre Wurzeln haben, transzendieren sie die von einer bestimmten Volkskultur geprägten geistigen Schöpfungen in einen umfassenderen, den Angehörigen aller Nationen zugänglichen Bereich (wobei sie dann allerdings in Zeiten primitiv-nationalistischer Aufwallungen Gefahr laufen, von ihren eigenen Landsleuten verkannt, verleumdet, expatriiert zu werden).

Nationalismus, wenn er vom einzelnen nicht überwunden wird, entpuppt sich dagegen als *Ersatz* für die verlorengegangene Verwurzelung in einer Volksgruppe. Dieses Surrogat wird dann benötigt, wenn das noch spärlich entwickelte Selbstempfinden seine Beheimatung im äußeren Umkreis statt im eigenen Innern sucht; der Nationalismus ist damit Ausdruck für die Krise der Persönlichkeit in unserer Zeit, die Altes verloren, aber Neues noch nicht gewonnen hat. Statt dieses Neue in einer geistigen Entwicklung zu suchen, wird ein Surrogat ergriffen, das eine abstrakte Konstruktion, eine gedankliche Erfindung ist. In Frankreich, als revolutionärer Gedanke proklamiert, wird der Begriff der Nation zum Kampfmittel bei der Befreiung des Ich aus traditionellen Bindungen. Dort jedoch, wo der Nationalismus mehr das Gefühl als das Denken der Menschen anspricht, bekommt er irrational rauschhafte Züge. Statt zukunftsweisende Inhalte und Zielsetzungen, die der Entwicklung der autonomen, schöpferischen Persönlichkeit entgegenkommen und sie fordern, werden abgelebte, längst inhaltsleer gewordene Ideale der Vergangenheit aufgegriffen, die, in die Gegenwart transponiert, einen dämonischen, ichfeindlichen Charakter annehmen – sie appellieren nicht an die Vernunft, sondern, angereichert mit ideologischen Schlagworten (»Blut und Boden«), an gruppenhafte Emotionen und halten das Ich, das zu neuen Ufern aufbrechen möchte und initiativ werden will, in den Fesseln des Vergangenen fest.

Wie läßt sich nun statt des Rückgriffes auf Vergangenes etwas Neues, Zeitgemäßes für das menschliche Zusammenleben finden? Der Umkreis eines Volkes, den der Mensch mit seiner Geburt betritt, erweitert sich durch die Beschäftigung mit der Kultur anderer Völker, nicht zuletzt auch durch Reisen – vorausgesetzt, sie führen zu menschlichen und kulturellen Begegnungen. Dabei macht sich zunächst nicht selten eine starke Anziehungskraft des Fremden, Andersartigen bemerkbar, die das Eigene vergessen läßt:

»Oft genug führt die Faszination, die Verzauberung durch das Fremde und Fremdländische zu einer Ablehnung, Verfremdung, ja Verachtung des Eigenen. Das Fremde ist so unerhört neu, frisch, überraschend schön, daß das allzu vertraute Eigene dagegen schal, langweilig, abgegriffen erscheint. Gerade der Europäer, ewig ... auf neue Dinge begierig, läßt sich leicht zu einer Überschätzung des Fremden, zu einer Unterbewertung des Eigenen bewegen« (A.E. Johann).[3]

Hat man sich jedoch einige Zeit mit einer fremden Sprache und mit einer fremden Ausdrucksweise befaßt, so lernt man aus dem Blickwinkel der neuen Sprache die Qualität der Muttersprache schätzen, mit der vorher unbewußt und selbstverständlich umgegangen wurde. So kann es auch mit den Eigenschaften und dem Charakter des eigenen Volkes gehen, dessen Vorzüge und problematische Seiten man von außen deutlicher sehen lernt: »Wird nicht an dieser Stelle der Sinn des Reisens in fremde Länder erkennbar? Besteht er nicht darin, das eigene Land, die heimatliche Welt, intensiver und bewußter zu verstehen? Denn das Fremde läßt sich immer nur im Kontrast zum Eigenen begreifen« (Johann). Das Eigene wird von außen, vom Umkreis her erlebt.

Dies aber ist eine neue Empfindungsqualität: Das Ichgefühl taucht nicht mehr nur aus dem unbewußten Innenbereich des

3 A.E. Johann: Menschen an meinen Wegen. München 1980.

unreflektierten Selbsterlebens auf, sondern erlebt sich aus der Peripherie auf sich selbst zurückblickend, reflektierend, wobei das aus dem Zentrum stammende Ichgefühl zugleich mit wahrgenommen und verändert wird. Wird so die andere, zunächst fremde Kultur als Ergänzung zur eigenen erlebt, dann wird zugleich in der Bereicherung der vormalige Mangel deutlich; Erlebnisse in oder an anderen Kulturbereichen werden nun gesucht. Die Suche nach der anderen als Ergänzung zur eigenen Kultur aber macht den Suchenden allmählich zum Weltbürger, dem nationale Enge und Einseitigkeit nicht mehr genügen. Dadurch wandelt sich Nationalismus in Kosmopolitismus. Der partikularen Komponente wird eine universale von außen zugefügt, jene umgestaltend. Entwicklungen werden möglich durch Anregungen aus fremden Kulturen. Die Entdeckungsreisen seit Beginn der Neuzeit zeigen ein – den Beteiligten sicherlich unbewußtes – Bedürfnis der europäischen Menschheit nach Ergänzung und Erweiterung, obwohl die geistig-kulturelle Bereicherung oft genug durch die Gier nach materiellem Reichtum pervertiert und ersetzt wurde. Laurens van der Post beschreibt dieses Einander-Suchen, Einander-Bedürfen am Beispiel Afrikas: »Ich sehe in dem Europäer keineswegs ein Wesen, das über dem Schwarzen steht. Es sind zwei verschiedene Wesen; was sie unterscheidet, ist nichts Herabsetzendes, sie sind gleichberechtigt vor dem Antlitz Gottes. Je mehr ich vom sogenannten Primitiven in Afrika erfahre, um so mehr Achtung habe ich vor ihm und um so mehr wird mir bewußt, wie viel wir von ihm zu lernen hätten, welche profunden Einsichten er uns vermitteln könnte. Ich glaube, daß er für uns ebenso notwendig ist, wie wir für ihn. Ich betrachte uns als zwei einander ergänzende Hälften, die vom Leben dazu ausersehen sind, ein Ganzes zu bilden.«[4]

4 Laurens van der Post: Das dunkle Auge Afrikas. 4. Aufl. Berlin 1962.

Die Probleme im Zusammenleben heutiger Völkermischungen, die inzwischen fast in allen Staaten vorliegen, lassen sich durch nationalistische Bestrebungen nicht lösen, sondern nur verschärfen; auch wird man dadurch dem Drang nach Selbstbestimmung nicht gerecht. Äußert sich doch in diesem Drang ein Bedürfnis nach einer Staatsform, die das sich selbst bestimmende Individuum zur Grundlage hat und nicht ein nationales Element.

Die Selbstbestimmung gilt in diesem Zusammenhang vor allem für den *kulturellen Bereich* und bedeutet, *daß der einzelne in einem Staat sich einer Kulturgruppe seiner Wahl anschließen kann.* Diese freie Wahl darf keiner Behinderung unterliegen, weder kulturell (durch andere, rivalisierende Ethnien), noch durch staatliche Rechtsnormen und Verbote. Ein moderner Staat muß seinen Bürgern die Gewähr bieten, ihren jeweiligen kulturellen Bedürfnissen gemäß vollkommen gleichberechtigt neben denjenigen der anderen Mitbürger leben zu dürfen. Dann kann aus dem Nebeneinander ein sich ergänzendes Miteinander verschiedenster Kulturelemente werden, aus einer nationalistischen eine multikulturelle Gesellschaft entstehen.

Doch scheint diese rechtliche Regelung – die in der Schweiz längst verwirklicht ist – allein nicht zu genügen, um den Entwicklungsprozessen gerecht zu werden, die dem Menschen zu einer, seinem wahren Wesen entsprechenden Stellung in der Gesellschaft verhelfen könnte. Das Individuum kann sich zwar unter den vorgenannten Bedingungen in den heimatlichen Boden eines Sprach- und Kulturkreises rechtlich gesichert hineinstellen, aber es droht, in den Zwängen und Verlockungen der kapitalistischen Gesellschaftsformen unterzugehen (eine Gefahr, die sich nicht zuletzt auch in der Schweiz zeigt), in denen die technisierte Wirtschaft die Lebensformen und die Rechte des in ihr arbeitenden einzelnen bestimmt. »In der technischen Welt arbeiten die allermeisten Menschen unter Zwang oder Verlockung. Lohn und Gehalt sind nichts anderes als deren Mittel. Die Menschen sehen vor sich Hunger oder ausreichendes Auskommen oder Wunscherfüllungen neben ihrer Arbeit, nicht aber diese selbst als Sinnerfüllung ihres Lebens« (Lauenstein).[5] Dies aber bedroht die Initiativkraft des Menschen, wenn nicht aus einem von der Wirtschaft unabhängigen Rechtsbereich der Freiheitsraum der Individuen für geistige Arbeit bereitgestellt wird.

Gegenwärtig wird diese vom Wirtschaftsleben geprägte Lebensform, die sich des rechtlichen und des kulturell-geistigen Bereiches in der Gesellschaft weitestgehend bemächtigt hat, ungeprüft durch die ehemals kommunistischen Länder übernommen. In ihnen waren bis jetzt die Initiativkräfte des einzelnen in allen Lebensbereichen gleichermaßen gelähmt: kein Wunder, daß die westliche Lebensform zunächst als Befreiung begrüßt wird. Zumal sich in den gleichzeitig hochkommenden nationalistischen Bewegungen auch der Drang äußert, Initiativen zu entwickeln – was sich dann im Zusammenleben der Völker sofort als problematisch erweist und zum Sprengstoff wird, gelingt es nicht, die nationalistische Komponente zu überwinden. Um aber dem Individuum den für seine schöpferischen Initiativkräfte notwendigen Freiraum innerhalb der Gesellschaft zu geben, muß alles Kulturleben von staatlicher (und natürlich erst recht nationalistischer) Bevormundung und wirtschaftlicher Inbesitznahme freigehalten werden. Für den Bereich der Wirtschaft ist das längst deutlich – staatliche Lenkung und Steuerung löst die Probleme nicht, sondern stört dieses auf weltweite Verflechtung angelegte System nur. Diese Bedingung der Entmischung gilt aber für alle Bereiche des gesellschaftlichen Lebens.[6] Nur durch den Rückzug des Staates aus den kulturell-geistigen Lebensbereichen (im Erziehungs- und Ausbildungswesen), aber auch durch den Abbau der Kommer-

5 Diether Lauenstein: Das Ich und die Gesellschaft. Stuttgart 1974.

6 Vgl. den Beitrag von Werner Rauer in dieser Schrift.

zialisierung und Monopolisierung des Kulturlebens durch die wirtschaftlichen Mächte kann die menschliche Persönlichkeit eine ihrer Bestimmung entsprechende Wirksamkeit entfalten.

Dadurch würde etwas entstehen, was wir als notwendige Ergänzung zu dem international werdenden wirtschaftlichen Europa brauchen: ein internationales geistiges Europa.

War der Aufbruch vergebens?

Ina Roland

Noch immer bin ich traurig, daß es die DDR nicht mehr gibt, und ich habe emotional längst nicht alles verarbeitet, was rational-politisch schon lange entschieden ist.

In letzter Zeit bekam ich Briefe von Freunden, auf denen noch scherzeshalber »DDR« als Absender stand. Dieses »gibt es nicht mehr« will nicht in meinen Kopf. Ich wehre mich ein bißchen gegen die neuen Aufgaben, die jetzt anstehen. Zu schön war das November/Dezember-Gefühl: die Chance zu haben, echte Demokratie aufbauen zu können. Es waren zwei Monate, in denen viele Menschen – die sonst Angst hatten oder sich zufriedengaben – plötzlich kämpften. Und dabei ging es nicht nur um materielle, sondern in erster Linie um ideelle Werte. Das erlebte ich sehr intensiv an der Pädagogischen Fachschule, an der ich während dieser Zeit studierte. Wir gründeten einen Studentenrat und entwarfen eine eigene Satzung, setzten uns mit den Dozenten und der Leitung auseinander, organisierten Demonstrationen und vieles mehr. Obwohl die technischen Ausstattungen denkbar schlecht waren und selbst Vorhaben wie Flugblatt-Entwürfe sehr viel Zeit in Anspruch nahmen, gab es einen großartigen Zusammenhalt und ein gutes Miteinander.

Dieses Gefühl, etwas bewirken zu können – auch als »kleine« Studentin oder als Arbeiter –, war einfach wunderbar. Es herrschte Optimismus trotz aller Probleme, trotz der täglichen Enthüllungen und Schrecken. Wir hatten mit einem Mal die Kraft, zu verändern, es besser zu machen, ein gesundes

Fundament zu schaffen. Die Ansätze vieler Ideen und Vorschläge, die jetzt formuliert wurden, sind in den letzten DDR-Jahren zu finden. Es gab ja schon vor der Wende kleine Gruppierungen, die sich mit Umweltproblemen, politischen Veränderungen usw. beschäftigten. Und nun schien die Möglichkeit gegeben, dies alles zu verwirklichen.

Leider hielt diese Stimmung nicht lange an. Wie eine Glocke stülpte man bundesdeutsche Verhältnisse, Gesetze und Verordnungen über die DDR. Äußerlich veränderte sich vieles – nach dem Inneren der Menschen wurde nicht gefragt. Die Ignorierung der DDR-Mentalität ist für mich wie Seelen-Vergewaltigung – etwa, wenn einem die Menschen aus Westdeutschland erzählen, wie grau und verlogen alles in der DDR gewesen sei. Das stimmt einfach nicht. Ich habe dort gelebt, eine Heimat gehabt. »Heimat« ist auch die Lebensart, sind die Gewohnheiten der Menschen aus der ehemaligen DDR. Kleine Dinge wurden ganz anders geschätzt und geachtet und Kleinigkeiten viel dankbarer wahrgenommen, als ich das im Westen erlebt habe. Auch jetzt noch bin ich überzeugt davon, daß wir manches hätten einbringen können in ein erneuertes Deutschland.

Fremdheit

Christian Hüther

Bis zu meinem 25. Lebensjahr lebte ich in der DDR. Wenn ich auf diese Zeit zurückblicke, so kann ich mich eigentlich nicht beklagen. Das hängt zum einen damit zusammen, daß ich materiell recht anspruchslos bin, und zum anderen wollte ich politisch die Welt nie aus den Angeln heben.

Gelernt habe ich den Beruf des Tischlers und hatte – wie für die DDR typisch – selbstverständlich einen unkündbaren Arbeitsplatz. Finanzielle Probleme gab es auch so gut wie nie. Die Mieten betrugen nur einen geringen Teil des Einkommens, kulturelle Veranstaltungen waren relativ billig, und wenn man mal in die Kneipe ging, konnte man für fünf bis sieben Mark ganz gut essen und trinken.

Wenn es nichts zu kaufen gab, war man auf Freunde und Bekannte angewiesen, die in anderen Städten für einen Ausschau hielten. Das war zwar oft nicht einfach und recht belastend, verband einen aber andererseits mit den Menschen.

In den letzten Jahren ließ der starke politische Druck der sechziger und siebziger Jahre doch etwas nach. Immer mehr Menschen zogen sich in Nischen zurück, die das System zuließ. Mit Halbtagsjobs und ähnlichem verdienten sie das Nötigste und gingen den Rest der Zeit ihren eigenen persönlichen Interessen nach. Ich selbst wollte noch Musik studieren, kündigte meinen Arbeitsplatz und widmete mich anderthalb Jahre meinem Instrument. Mit rund 300 Mark im Monat ließ es sich ganz gut leben.

Das Bedrückendste und Schlimmste aber war die Behinderung beim Reisen. Wenn sich auch die Angst vor der Stasi und die materielle Einschränkung ertragen ließen, so war doch das Eingesperrtsein am schwersten, wenn überhaupt, zu verkraften. In Prag lernte ich während eines Besuches eine Gruppe Spanier kennen, die einige Zeit später nach Weimar zu einem Germanistenseminar kamen. Am Ende der Zeit luden sie mich ganz selbstverständlich nach Spanien ein. In solchen Momenten erlebte man mit voller Härte die Unmenschlichkeit der Mauer, die eigene Ohnmacht und die Abhängigkeit von den Freunden, auf deren Besuch man angewiesen ist. Diese Umstände gaben Besuchen aus dem Westen einen ganz besonderen Schein – der Schein der unbekannten westlichen Welt, aus der diese Menschen kamen und wohin sie wieder zurückfuhren, unerreichbar und fern wie ein Märchenland.

Seit dem 19. August dieses Jahres studiere ich am Institut für Waldorfpädagogik in Witten. Ich fühle mich dort schon recht heimisch, aber rings herum ist für mich eine sehr fremde Welt. Meinen ersten Eindruck vom »Westen« bekam ich in Mannheim. Am frühen Morgen kam ich auf dem Bahnhof an. Meinem Geruchsinn nach mußte ich in einem riesigen »Intershop« der DDR gelandet sein – nirgendwo der vertraute Bahnhofmief. Alles um mich herum war so sauber, glatt und akkurat, daß ich das Gefühl hatte, ich müßte Hausschuhe anziehen.

Als ich an der Bushaltestelle wartete und die Menschen beobachtete, schien mir, als spiegelten sich Sauberkeit und Glanz der Fassaden in den Menschen. Alles machte auf mich einen sterilen Eindruck. Ich war in einem fremden Lande angekommen. Bis heute scheue ich mich davor, Menschen auf der Straße anzusprechen, weil sie mir fremd sind.

Das Leben geht hier, äußerlich betrachtet, sehr reibungslos vonstatten. Es gibt wenig, wogegen sich die Menschen auflehnen müßten. Das schafft offensichtlich auch eine beträchtliche Kontaktarmut. Interessant war für mich zu beobachten, was passiert, wenn einmal ein Sandkorn ins Getriebe kommt: An einem Montagmorgen mußte ich zum Straßenverkehrsamt. Da die Angestellten am Wochenende auf Betriebsausflug gewesen und nun entsprechend wenig zur Arbeit motiviert waren, bildeten sich lange Warteschlangen. Diese für die Menschen doch wohl ungewohnte Situation brachte sie nun dazu, sich zu unterhalten und einander näherzukommen. Es war für mich wie zu Hause.

Eine der vielen Chancen, die ich durch das Zerfallen der Grenze zwischen Ost und West sehe, ist, daß die Menschen mit ihren unterschiedlichen Voraussetzungen und Fähigkeiten einander näherkommen und voneinander lernen.

Zusammenwachsen ist möglich

Thekla Schürmann

Der gegenwärtige Prozeß bedeutet für viele Menschen eine Wieder-Vereinigung. Aber läßt sich etwas »wieder«-vereinigen, was durch lange Zeit hindurch hier wie dort eigenständigen Charakter bekommen hat? Sind nicht inzwischen zwei verschiedene Völker entstanden?

Lebendiges Geschehen ist immer durch Entwicklungen gekennzeichnet, Lebendiges erstarrt oder stagniert nicht (und tut es das doch, dann lebt es nicht mehr). Das gilt wohl nicht nur für Organismen, sondern auch für Kulturen. Was aber bedeutet es, wenn in diese Prozesse gleichsam von außen eingegriffen und plötzlich zusammengespannt wird, was am Auseinanderwachsen war? Da stellt sich die Frage, wie wir diesem Eingriff zu begegnen haben und auf eine positive Entwicklung Einfluß nehmen können.

Ein Bild vermag da vielleicht erste Hinweise zu geben – eine Parabel, die freilich nicht überstrapaziert werden darf: Denken wir an einen Apfelbaum, auf den der Zweig einer anderen Sorte aufgepfropft werden soll. Man wird hingehen und dem Baum zur rechten Zeit den einen und anderen Zweig nehmen und an deren Stelle die frischen Triebe des anderen Apfelbaumes anfügen. Das ist ein kunstvoller Eingriff, denn es muß auf sorgfältige Weise jeder Aststumpf des einen Baumes eingekerbt werden, und die frischen Triebe des anderen müssen ebenso sicher und sauber zugespitzt werden. Der gesamte Eingriff erfordert Sorgfalt und Exaktheit, was die Arbeit, aber auch den Zeitpunkt betrifft, soll der Baum die fremden Triebe annehmen.

Erst wenn die jungen Zweige unter dem sie umhüllenden Verband sicher und fest sitzen, kann der Baum sich selbst überlassen werden. Jetzt wird es spannend: Nimmt die Pflanze die frischen Triebe an, oder werden diese vertrocknen? Wirklich sicher kann man erst nach dem folgenden Frühjahr sein – dann zeigt sich, ob der Baum seine Lebenssäfte und seine Kräfte auch durch die angefügten Triebe hindurchschickt, bis irgendwann die Schnittstellen gar nicht mehr zu sehen sein werden.

Aus zwei Organismen ist einer geworden, die Zweige des einen Baumes sind nicht mehr etwas Fremdes, das dem anderen »aufgepfropft« wurde, wie es die Umgangssprache fälschlich meint. Vielmehr sind beide zu einem gemeinsamen Ganzen geworden, die Säfte beider Bäume haben sich zu etwas Neuem, Dritten verbunden, zu etwas, das mehr ist als der einzelne für sich.

Geht man allerdings nachlässig oder grob vor, präpariert man nicht beide mit großer Sorgfalt, den Tragbaum wie die neuen Zweige, dann werden die letzteren zugrunde gehen.

Es ist nicht zu hoffen, daß dieses den beiden getrennten, nun vereinten Staatsorganismen passiert, obwohl es schon manch groben Eingriff recht brutalen Aufpfropfens gegeben hat. Es wird gut gehen, wenn in Zukunft von beiden Seiten die Bereitschaft da ist, aufeinander zuzugehen und die Kräfte zu vereinigen. Das erfordert aber auch von beiden Seiten die Bereitschaft, den anderen zu akzeptieren und von ihm zu lernen.

Deutschheit ist Kosmopolitismus
mit der kräftigsten Individualität gemischt.

Novalis am 30. November 1797 an August Wilhelm Schlegel

Deutschland in Europa

Andreas Suchantke

Wohl keine andere Nation zeigt in ihrer Geschichte ein derart extremes Pendeln zwischen kultureller Hochblüte und kulturfeindlicher Barbarei wie Deutschland. Dreißigjähriger Krieg – Klassik – Auschwitz. Von Weimar nach Buchenwald sind es nur wenige Kilometer, nur ein Jahrhundert. Kein Wunder, daß die Nachbarn nicht nur mit Sympathie auf dieses Land und seine Bewohner schauen, daß sie das irrationale, unberechenbare Deutschland fürchten. Und nicht wenigen Deutschen geht es ebenso. Welche Entwicklung wird jetzt eingeschlagen, da Deutschland wieder zur Weltmacht wird? Ist Deutschland so fest eingebunden in Europa, in weltweite Bindungen, daß es nicht wieder zum Irrläufer werden kann? Wie wenig die Versicherungen der politischen Verantwortungsträger taugen, haben gerade die jüngsten Ereignisse erneut gezeigt, auf durchaus positive Weise diesmal, aber eben: Sie wurden von niemandem vorausgesehen, von niemand erwartet – eine spontane Eruption, die alle berufsmäßigen Vertreter jahrzehntelangen Vereinigungsgeredes aufs höchste überraschte. Wo also mag die Reise hingehen? Skepsis ist angebracht.

Die Geschichte, so sagt man, wiederholt sich nicht. Dennoch ist Wachsamkeit geboten, denn in der Vergangenheit verliefen die Entfaltung der deutschen Kultur und der deutschen Nationalstaatlichkeit keineswegs synchron, sondern durchaus gegenläufig. Deutschland ist nicht Frankreich, wo beides, Kultur und Nation, nicht zu trennen ist. Im Gegenteil, das Entstehen des (klein-) deutschen Reiches im Anschluß an den deutsch-französischen Krieg 1870/71 ist gekennzeichnet durch einen wachsenden Nationalismus und Imperialismus, durch Hurra-Patriotismus und eine bornierte Verherrlichung alles Militärischen – Leutnantsmentalität.

Die »Exstirpation des deutschen Geistes zugunsten des deutschen Reiches«, um es auf die Formel Nietzsches zu bringen, führt schließlich in die konsequente Barbarei, die ein Ende in der vollständigen Exstirpation nicht nur des deutschen Geistes, sondern auch des deutschen Reiches findet.

Dem deutschen Geist ist die Kategorie des Nationalen offensichtlich wesensfremd. Er umfaßt einen Kulturraum, der übernational ist, der unterschiedlichen Nationen gehört. C.F. Meyer, Max Frisch, Peter Handke gehören selbstverständlich zur deutschen Literatur, nicht aber zur deutschen Nation, ja, ihre nationale Zugehörigkeit ist für ihre geistig-kulturelle Bedeutung ohne Belang. Der Schweizer Schriftsteller Adolf Muschg bestätigt diese Feststellung, wenn er lapidar konstatiert: »Der Deutschschweizer ist von Haus aus schweizerischer Staatsbürger *und* deutscher Kulturbürger«[1], und er fordert seine Landsleute auf, in »Gottfried Keller [wieder] den ›deutschen‹ Dichter zu sehen, als den er sich zeitlebens bezeichnet hat (nicht anders als der ›Österreicher‹ Grillparzer)«. Wenn diese Worte bei manchen seiner Miteidgenossen auf wenig Gegenliebe stoßen werden, dann deshalb, weil sich die Deutschschweiz »die Zusammengehörigkeit mit dem größeren Kulturraum von ›reichsdeutscher‹ Kulturpolitik, zuletzt der des Dritten Reiches, vergällen und entwenden« ließ. Eine in doppelter Hinsicht bedauerliche Entwicklung, die einerseits die Gefahr kultureller Isolation und Provinzialisierung in sich birgt und andererseits verhindert, daß der schweizerische Beitrag im deutschen Kulturraum – und darüber hinaus – wirk-

1 Adolf Muschg: Die Schweiz am Ende – Am Ende die Schweiz. Frankfurt a.M. 1990.

sam werden kann. Dieser Beitrag wäre vor allem auf staatspolitisch-verfassungsrechtlicher Ebene von höchster Aktualität, und es ist sehr zu bedauern, daß sich die Schweiz bisher dem europäischen Gespräch so beharrlich verweigert; ihre konföderative Verfassung, deren Quintessenz auf einer scheinbaren Paradoxie beruht, hat beispielhaften Charakter: Sie ist so freilassend und freiheitlich, daß sie gerade dadurch zum festen Bindemittel zwischen unterschiedlichen Kulturen und Sprachräumen wird (die sich in vollständiger kultureller und weitestgehender politischer Autonomie entfalten können). Wäre sie nicht die angemessene Staatsform für die multikulturelle, gegenwärtig in Einzelnationen zerfallende Sowjetunion? Und nicht zuletzt hätte sie der deutschen Neu-Vereinigung gut angestanden – sie hätte vermeiden helfen, daß die gewachsenen Verschiedenheiten in der Mentalität und im Selbstverständnis der Menschen beider Teile Deutschlands einfach plattgewalzt wurden. Allerdings darf man dabei nun wahrlich nicht der Schweiz, sondern muß der Phantasie- und Ideenlosigkeit bundesdeutscher Politik die Schuld geben.

Werden die Bewohner des deutschen Kulturraumes von der nationalistischen Krankheit ergriffen, dann werden sie ihrem Kulturauftrag untreu. Der bislang rigoroseste Versuch, den Kulturraum in einer Nation zu vereinen, Österreich, Elsaß, das Sudetenland und die Schweiz »heimzuholen«[2], endete dann auch nicht nur in der bislang fürchterlichsten Katastrophe, sondern war folgerichtig begleitet von der Ausrottung deutscher Kulturwerte, der wirkungsvollsten Vernichtung, Verjagung und Unterdrückung ihrer Repräsentanten, die sich je in diesem Raum abspielte.

2 Der »Anschluß« der deutschen Schweiz war in Berlin beschlossene Sache und sollte nach erfolgtem »Endsieg« gleichsam en passant geschehen; eine von Nazideutschland unterstützte Fünfte Kolonne wühlte diesem Ziel entgegen: der Einverleibung in den »Gau Schwaben«; vgl. Edgar Bonjour: Schweizerische Neutralität, Basel 1979.

Nimmt das Deutsche, nimmt Deutschland damit eine Sonderstellung ein in Europa, fällt es gleichsam aus allem heraus und muß deshalb um so fester eingebunden werden? Besitzt es gar einen Sonderstatus? Vielleicht vermag ein Blick auf die Landkarte Europas dazu Gesichtspunkte zu liefern, in einem Überblick, der Europa als geographische Gesamtheit zu fassen versucht.

Gibt es diese Gesamtheit überhaupt – oder ist Europa ein beliebiges Konglomerat kleinräumiger geographischer Einheiten, ein westliches Anhängsel, ja eine Halbinsel Asiens, die ihren Rang als Kontinent lediglich der Überheblichkeit und Selbstüberschätzung seiner Bewohner verdankt?

Dazu eine Zwischenbemerkung: Im *kultur*geographischen Sinne ist Europa zweifellos ein Kontinent. Die in seinem Raum entstandene Kultur ist zumindest in der Neuzeit zutiefst wesensverschieden von allen anderen Kulturen der Welt, in ihren geistigen Inhalten wie in der praktischen Verwirklichung. Durch ihre technologisch-naturwissenschaftliche Ausrichtung erwies sie sich äußerlich allen anderen Kulturen überlegen und ist bis heute dabei, diese restlos zu verdrängen: die ganze Welt verwandelt sich in ein »Neo-Europa«.

Daß Europa auch unter *natur*geographischem Blickwinkel den Rang eines eigenständigen Kontinents besitzt, daß es eine in sich differenzierte Einheit darstellt, deren einzelne Glieder in einem geordneten Bezug zueinander stehen, ergibt erst ein eingehender Vergleich seiner Teilgebiete. Das kann an dieser Stelle aus Raumgründen nur in starker Vereinfachung geschehen.

Da ist einmal eine ausgesprochene Nord-Süd-Polarität: »Neu-Europa« im Süden, im zirkum-mediterranen Raum, wo sich die jungen Faltengebirge finden, ein Raum, der durch das Nordwärtsdriften Afrikas und die dadurch bedingte alpidische Auffaltung in geologisch junger Zeit geformt, verformt, umgestaltet wurde. An diesen Bereich schließt sich »Mittel-Europa«

an, die Mitte Europas, mit wesentlich älteren, bis auf Mittelgebirgsniveau abgetragenen Faltungen älterer Zeiten im Ausgang des Erdaltertums (Variskische Gebirgsbildung): die Berg- und Hügelländer und Beckenlandschaften von den spanisch-portugiesischen Gebirgslandschaften, den Cevennen bis zum Harz, zum Erzgebirge, ja bis zum Ural. Und schließlich die kaledonischen Faltungen der skandinavischen Gebirge, Schottlands, Wales und die Höhenzüge Irlands; noch älter, aus der Frühzeit und der Mitte des Erdaltertums: »Alt-Europa«.

Interessanterweise verhalten sich die Kulturen zeitlich gegenläufig in der Reihenfolge ihres Auftretens und Aufblühens: die ältesten Kulturen liegen im Mittelmeerraum, also im geologisch-tektonischen »Jung-Europa«. Mitteleuropa folgt später, und im äußersten Norden finden sich besonders »jugendliche« Kulturen: Nomaden, die mit ihren halbdomestizierten Rentieren saisonale Wanderungen ausführen und damit (bedingt durch die extremen Lebensverhältnisse) auf einer relativ frühen, voragrarischen Kulturstufe verharren.

Kulturell und politisch bedeutsamer im Rahmen unserer Betrachtungen ist die andere Polarität Europas, die ost-westliche. Sie drückt sich in der geographischen Gliederung der Räume aus und ist mit einem Blick auf die Landkarte zu erfassen: die starke Gliederung des Westens steht der ungegliederten Weite des Ostens gegenüber. Begrenzung hier, Grenzenlosigkeit dort. Die Raumstrukturen des Westens sind so markant, daß sie die politisch-kulturellen Grenzen geradezu vorgeben: die Iberische Halbinsel, Frankreich, England, Italien. Frankreich ist von allen Seiten natürlich begrenzt, nur im Osten fehlen bezeichnenderweise natürliche Grenzstrukturen – ein Tatbestand, der in Frankreich immer wieder als störend empfunden wurde und zu Konflikten führte. Im Grunde hätte man am liebsten den Rhein als Ostgrenze.

Ganz anders, entgegengesetzt, ist die Situation im europäischen Osten – hier geht die Grenzenlosigkeit so weit, daß nicht nur innerhalb Europas, sondern auch gegenüber Asien keine Grenze festzustellen ist. Der Ural als Grenze ist eine Erfindung der Geographen, die in der Realität keine Bedeutung hat, ja inexistent ist. Auf beiden Seiten, bis hinein nach Ostsibirien, treffen wir die gleiche Tier- und Pflanzenwelt, biogeographisch gibt es keinerlei Schranken. Und es ist ganz natürlich, daß sich Rußland weit in diesen, vom europäischen Teil seines Imperiums kaum verschiedenen Bereich hinein ausdehnte. Weite Räume laden zum Wandern, zum Hin- und Herfluten ihrer Bevölkerungen ein, wiederum im Gegensatz zu den natürlich begrenzten Regionen des Westens. Das gilt nicht nur für den Menschen und seine Kulturen, sondern auch für Flora und Fauna: Der überwiegende Teil unserer Tier- und Pflanzenwelt, der nach der Eiszeit die leeren Räume Europas wiederbesiedelte, kam aus dem ostsibirisch-mandschurischen Raum;[3] Südeuropa trug vergleichsweise wenig bei, vieles, was während der Abkühlung nach Süden ausgewichen war, blieb später in kleinen Refugien auf eng begrenztem Raum in den Gebirgen der südlichen Halbinseln stecken.

Blickt man auf die wechselvolle Kulturgeschichte des osteuropäischen Raumes, so zeigt sich auch hier ein starkes Hin- und Herfluten. Im Gefolge der Völkerwanderung drangen Menschen slawischer Sprache bis an die Elbe und bis Oberfranken vor, umgekehrt verlief die »Kolonisierung« Osteuropas durch die Deutschordensritter bis Estland. Bis in die jüngste Geschichte hinein zeigt sich die Schwierigkeit, feste Grenzen zu errichten, etwa am Beispiel Polens, das mal größer, mal kleiner war, mal östlicher, mal westlicher lag oder als staatliche Einheit ganz von der Landkarte verschwand. Der Osten Deutschlands hatte ein ähnliches Schicksal.

Um keine Mißverständnisse aufkommen zu lassen: Es soll hier nicht dem Niederreißen der Grenzen das Wort geredet

3 G. de Lattin, Grundriß der Zoogeographie, Jena 1967.

werden. Als Verwaltungsstrukturen sind sie gegenwärtig noch nötig, und im Falle Polens und seiner leidvollen Geschichte auch noch aus anderen, nur zu berechtigten Gründen. Aber diese Grenzen müssen, wie es der Eigenart der ost- und ostmitteleuropäischen Kulturen entspricht, transparent sein, durchlässig nicht nur für den kulturellen Austausch, sondern auch für die Wanderungsbewegungen der Bewohner. Ost-Mitteleuropa und das westliche Osteuropa hatten immer eine starke Durchmischung slawischer, germanischer, jüdischer Bevölkerungen. Grenzziehungen, Aus- und Abgrenzungen führten stets zu blutigen Auseinandersetzungen, die in furchtbaren Katastrophen endeten, vor allem aber erwiesen sie sich nie als dauerhaft, wie das allerjüngste Beispiel zeigt: Kein »eiserner Vorhang«, keine noch so unüberwindliche Mauer hatte Bestand.

Erneut zeigt sich hier ein Gegensatz zu den westeuropäischen Kulturen. Wohl kam es auch hier zum kulturellen Austausch, selbstverständlich, aber nie zu einer Durchdringung, Durchmischung etwa der Kulturen Deutschlands, Frankreichs oder Spaniens. Selbst in der Schweiz, wo mehrere Kulturgruppen unter einem Dach leben, ist es so wenig zu einer Durchdringung gekommen, daß in Krisenzeiten der Zusammenhalt dieses Staates immer wieder in Gefahr geriet.

Deutschland in der Mitte, zwischen Ost und West: Die klaren Verhältnisse im Westen, zu seinen westlichen Nachbarn, seine Bindungen und Einbindungen, sind eine Leistung der Nachkriegsgeschichte. Hier sind geregelte, verläßliche Verhältnisse eingetreten. Ein ebenso starkes Motiv war aber auch die Suche nach einem »Ausgleich« oder einer Annäherung an den Osten. Waren es bislang tastende Schritte und Versuche, die immer wieder von Rückschlägen unterbrochen wurden, so ist jetzt augenscheinlich die Zeit reif. Eine neue Phase ist plötzlich angebrochen, in der nahezu alles möglich erscheint; auch falsche Wege, wie sie in der Vergangenheit so oft beschritten wurden – etwa feste, undurchdringliche Grenzen, die Menschenbegegnungen verhindern – und wie sie bereits wieder aufzutauchen beginnen im Visazwang für Polen, im Einreisestopp für – ausgerechnet! – Juden aus der Sowjetunion, für Rumänen an der österreichischen Grenze.

Die Öffnung, der Fall der Mauern und Stacheldrahtzäune: eine Sternstunde, die schon wieder dabei ist, verschenkt zu werden? Als hätten nicht einzelne, die plötzlich an prominente Stelle berufen wurden oder schicksalhaft aus Geistesgegenwart die richtigen Schritte getan haben, die Möglichkeiten und Ziele klar formuliert. Etwa, wenn Vaclav Havel wiederbelebt sehen möchte, was in einer Zeit kultureller Hochblüte Europas möglich war, an der Wende des 18. zum 19. Jahrhunderts, und was dann später, im Zuge des aufkommenden europäischen Nationalismus, allmählich verschwand:

»In Prag studierten Deutsche und Tschechen, Polen und Ungarn, es kam nicht darauf an, welche Sprache man sprach. Das änderte sich erst im 19. Jahrhundert, als die Völker erwachten und ihre politische Identität suchten. Erst da hat sich die Idee des Volkes schärfer ins Bewußtsein der Menschen eingegraben ... Auch das jüdische Milieu ist untrennbar mit dem Prager Milieu verbunden, Prags jüdische Gemeinde wurde die ›Mutter des Judentums‹ genannt. Hier entstand eine Symbiose aus der jüdischen, der deutschen und der tschechischen Kultur. Ein typisches Beispiel war Franz Kafka, ein reiner Prager, gleichzeitig aber Deutscher und gleichzeitig Jude« (in einem Interview im »Spiegel«, 40/1990).

Wenn Austausch, Durchdringung und gegenseitige Ergänzung angesagt sind, dann stellt sich die Frage, was die Beteiligten dabei einzubringen haben. Bislang ist es ja noch ein etwas einseitiges Verhältnis. Die neuen, entscheidenden Beiträge wurden bisher vom Osten geleistet: von Rußland. Durchaus nicht nur von Gorbatschow. Seine uns (immer noch?) so leuchtend erscheinende Gestalt überstrahlt diejenigen, die ihm den Boden bereiteten und ohne die sein Wirken undenkbar wäre:

die große Zahl der bekannten und unbekannten russischen Dissidenten, die durch eine uns Westlern unvorstellbare innere Stärke, allein auf sich gestellt, die scheinbar unerschütterbare sowjetische Staatsmaschine ins Wanken brachten. Sie widerlegten allein durch ihre Existenz, durch ihren geistigen Mut das System, in dem sie aufgewachsen waren und dessen ganzes Wirken in nahezu perfekter Weise darauf zielte, den Menschen zu ent-ichen, ihn zum namenlosen, jederzeit austauschbaren Rädchen der Maschine zu machen, zum Kollektivwesen. Statt dessen erwuchsen in ihm die vielleicht ichstärksten Menschen der Gegenwart, Menschen, die bewußt die Vernichtung ihrer Existenz in Kauf nahmen, um für die Wahrheit einzutreten. Was da begann, strahlte aus bis in die Novemberdemonstrationen in Prag oder in Leipzig, wo Menschen in friedlicher Absicht auf die Straße gingen, in dem vollen Bewußtsein, daß sich das Blutbad von Peking an ihnen wiederholen könnte.

Damit besteht aber so etwas wie eine Dankesschuld Deutschlands gegenüber Rußland und den osteuropäischen Völkern wie auch gegenüber den eigenen Landsleuten im östlichen Teil Deutschlands. Davon ist auch einiges – Beispiel Rußlandhilfe – zu spüren. Aber es kommt wohl nicht so sehr auf Gefühle an, oder besser: auf Gefühle allein, als vielmehr auf Gedanken, auf Ideen und aus *ihnen* resultierende Taten.

Vielleicht könnte hier der Beitrag des Westens, sprich des westlichen Deutschlands, liegen: in der Lieferung von Ideen, die den vom Osten begonnenen Ich-Impuls unterstützen und stärken. Wohlgemerkt von Ideen, nicht noch einmal von Ideologien, die Ich-unterdrückend wirken. Daß daran Bedarf besteht, zeigt der Ablauf der Ereignisse mehr als deutlich. Nach dem Aufleuchten von Ichkraft vor und in der Wende erleben wir gegenwärtig, wie dieser Impuls immer mehr in den Hintergrund gedrängt, ja zugedeckt wird. Ein gefährliches Vakuum entsteht, weil es offensichtlich nicht genügt, alte verkrustete Gedankenformen abzubauen, ohne daß etwas Neues an deren

Stelle gesetzt wird. Um es zu wiederholen: nicht eine neue Ideologie, neue Dogmen, die die Initiativkraft des einzelnen lähmen, sondern Ideen, Anregungen sind gemeint, die, aufgegriffen und weiterentwickelt, zu einem vielfältig reichen Kulturleben führen, das sich aus der Initiative der vielen einzelnen speist. Anregungen, die nicht zu einem abgehobenen Kulturleben hoch über den ungelösten Problemen des grauen Alltags führen, sondern die in die Praxis einfließen können, neue Formen des menschlichen Zusammenlebens in einer freiheitlichen Sozialordnung ermöglichen, konföderativ-freiheitliche Formen staatlicher Strukturen etwa, in der kulturelle Minderheiten nicht unterdrückt werden, sondern sich frei entfalten können; Formen der Erziehung, die Initiativkraft und Verantwortlichkeit des einzelnen fördern; eine Landwirtschaft, die mit der Natur kooperiert, statt sie zu vergewaltigen und auszubeuten. Geschieht das nicht, dann wird das Vakuum von anderen Kräften ausgefüllt, und die regen sich schon kräftig. Die Gespenster von gestern, die nicht überwunden, sondern nur in den Untergrund gedrängt worden waren, tauchen wieder auf: Nationalismus, Rassismus, religiöser Dogmatismus. Und alles überstrahlt die blendende Fassade westlicher Glitzerwelt, deren Geistleere und kulturelle Öde von denjenigen, die in tiefer Armut leben, begreiflicherweise nicht gesehen wird. Für die so lange Benachteiligten muß dieser Reichtum das Ziel allen zukünftigen Strebens sein: die Erfüllung des Lebens durch materiellen Konsum. Auch damit verbindet sich ein böser alter deutscher Traum: die wirtschaftliche Kolonisierung des Ostens. Vielleicht muß auch das noch durchgestanden werden und scheitern, bevor eine Wandlung eintreten kann.

Gut deutsch sein heißt, sich entdeutschen. Das, worin man die nationalen Unterschiede findet, ist viel mehr, als man bis jetzt eingesehen hat, nur der Unterschied verschiedener Kulturstufen und zum geringsten Teil etwas Bleibendes. Deshalb ist alles Argumentieren aus dem National-Charakter so wenig verpflichtend für den, welcher an der Umschaffung der Überzeugungen, das heißt an der Kultur arbeitet ... Wenn nämlich ein Volk vorwärts geht und wächst, so sprengt es jedesmal den Gürtel, der ihm bis dahin sein nationales Ansehen gab; bleibt es stehen, verkümmert es, so schließt sich ein neuer Gürtel um seine Seele ... Der also, welcher den Deutschen wohlwill, mag für seinen Teil zusehen, wie er immer mehr aus dem, was deutsch ist, hinauswachse.

Friedrich Nietzsche: Menschliches, Allzumenschliches

Der zeitgeschichtliche Rahmen

Jens Heisterkamp

Erinnern wir uns noch einmal an die Situation vor etwas mehr als einem Jahr. Als im Oktober 1989 die Krise der alten DDR auf ihren Höhepunkt zustrebte, bestimmte ein imposanter idealistischer Zug die Ereignisse, dessen Eindruck man sich auch im Westen kaum entziehen konnte. Was die Menschen da zustande brachten, die friedliche, gemeinschaftliche Auflehnung gegen ein Zwangssystem, war so außergewöhnlich, daß sich selbst viele Politiker bei uns zunächst zurückhaltend verhielten und die Bereitschaft signalisierten, abzuwarten, was sich da aus der Bürgerbewegung der DDR bilden wollte, noch weit davon entfernt, den Anschluß an die Bundesrepublik zu fordern. Der Westberliner Bürgermeister und andere prominente Politiker der SPD forderten damals, den Eigenwillen der Bürgerbewegung zu achten. Man erinnere sich, wie zur damaligen Zeit selbst der Bundeskanzler noch die Möglichkeit »föderativer Strukturen« zwischen einer reformierten DDR und der Bundesrepublik bedachte und von einem langsamen Annäherungsprozeß sprach. Der Funke der Bewegung im Osten konnte für einen Moment überspringen, Ost und West verbinden. Angesichts der Forderungen in der DDR mehrten sich auch bei uns in der Bundesrepublik mit einem Mal Stimmen, die von einem Erneuerungsbedarf in der westlichen Industriegesellschaft sprachen. Man hatte den Eindruck: bei dem bloßen Gleichziehen der Gesellschaften auf ein entsprechendes Niveau bürgerlicher Grundrechte – es ging ja in der DDR hauptsächlich um Achtung und Schutz der Person, Rede- und

Bewegungsfreiheit etc. – darf diese kraftvolle Bewegung nicht stehenbleiben, sondern wir müssen diesen Aufbruch zum Anlaß nehmen, die wirklich großen Probleme des Jahrhundertendes in Angriff zu nehmen: ein neues Denken anzufangen, das die Menschheit mit ihrem Planeten Erde als ein Ganzes begreift, das loskommt von der verstandesmäßigen Beschränkung auf den wirtschaftlichen, äußeren Erfolg.

Dieser idealistische Zug ist dann langsam verdrängt worden durch die in der Tat drückenden materiellen Nöte der DDR-Bevölkerung, durch ihre (aus dem Westen geschürte) Skepsis gegen weitere »Experimente« im sozialen Leben, vor allem aber auch durch eine ganz militant anmutende »Zwangsausübung« seitens Westdeutschlands. Beim ersten Besuch der Modrow-Regierung, der auch eine Delegation aus Vertretern der Bürgerbewegung angehörte, war von einem Geist der Zusammenarbeit und Hilfsbereitschaft, wie man ihn nach Jahren der Trennung vom Westen hätte erwarten dürfen, nichts zu bemerken. Wenn man miterlebt hat, in welchem Ton hier hochkarätige Vertreter bundesdeutscher Politik und Wirtschaft mit diesen Leuten, die immerhin ihre Landsleute waren, redeten, dann wurde einem wieder einmal klar, angesichts welcher Phänomene vermutlich einst der Begriff des »häßlichen Deutschen« geprägt worden ist. Nirgends in der üblichen Wirtschafts- und Finanzwelt wäre man, selbst nicht mit den unbemitteltsten Geschäftspartnern, so umgesprungen wie mit den Politikern und Bürgervertretern der DDR. Wir sahen peinliche Schulmeisterlichkeiten und offene Drohungen (gegen weitere »soziale Experimente«). Engagierte Gruppierungen, die im Herbst 89 uneingeschränkt gefeiert worden waren, wurden nun, da sie frei ihre eigenen Vorstellungen vorbringen konnten, als »weltfremde Idealisten« abgetan. Ihre Positionen wurden von den Beobachtern plötzlich nur noch als Auffassung von »Minderheiten« dargestellt. Es war deutlich geworden, daß die Einheit Deutschlands jetzt unter Ausschluß jedes idealistischen

Elementes als ein rein administrativer Akt vollzogen werden würde. Wie wenig dies schließlich noch mit den Ursprungsintentionen der »Wende« in der DDR zu tun hatte, zeigte das von den westlichen Parteibürokraten entworfene Wahlgesetz für den ersten gesamtdeutschen Urnengang, das de facto das endgültige Ausscheiden der ehemaligen Bürgerbewegungen der DDR zur Folge hatte.[1] Schon zuvor waren Forderungen lautgeworden, Berlin müsse wieder Hauptstadt eines geeinten Deutschland werden. Es war, als sähe man wieder das Kaiserreich auferstehen!

Das Kaiserreich – erinnern wir uns ruhig einmal an diese nun schon etwas länger hinter uns liegende Zeit. Es gibt nämlich bemerkenswerte Parallelen zwischen dem, was sich nach dem Herbst 1989 abspielte, und jenen Vorgängen, die im letzten Jahrhundert zur Gründung des ersten neuzeitlichen deutschen Staates, des Kaiserreiches, geführt hatten. Auch im 19. Jahrhundert haben wir das Phänomen, daß das idealistische Element bei der Reichsgründung draußen vor der Tür blieb, nur lagen die Phasen der idealistischen Erhebung und der obrigkeitsmäßig vollzogenen Einheit damals weiter auseinander. Wenn man sich aber auch nur ganz im Umriß den Charakter jener deutschen Erhebung von 1848 vor Augen stellt, dann sind die Parallelen zum Herbst 89 gar nicht zu übersehen: Beide Phänomene sind Teil gesamteuropäischer Eruptionen, damals war es der Völkerfrühling in Frankreich, Österreich, Mittel-Osteuropa, im Herbst 89 waren es die antikommunistischen Revolutionen in Mittel-, Ost- und Südosteuropa; beide Komplexe haben den Charakter von Bürgerbewegungen, denen es um grundlegende Menschen- und Bürgerrechte geht; beide Erscheinungen sind evolutiv angelegt: der Revolution von 1848

1 Es ist bezeichnend und zugleich beschämend, daß erst das Bundesverfassungsgericht einschreiten mußte, um dieses Gesetz als ausgesprochen undemokratisch zu bezeichnen und zu Fall zu bringen.

ging es nicht um den Sturz der Throne, ebenso wie im Herbst 89 nicht sogleich die Beseitigung des Sozialismus, sondern seine Umgestaltung gefordert wurde; schließlich kann man sogar beide Komplexe als übereinstimmend in ihrem gewaltfreien Duktus bezeichnen: zwar gab es 1848 Barrikadenkämpfe und vereinzelt auch Tote, aber im ganzen war die Erhebung friedfertig, konstruktiv, in keiner Weise vergleichbar etwa mit der Blutrünstigkeit der Französischen Revolution. Die Erhebung von 1848 führte zum ersten deutschen Parlament, zur ersten demokratischen Verfassung Deutschlands und hätte zu einem wirklich modernen, einigen Staatswesen führen können, aber dieser Idealismus wurde in unverständiger, überheblicher Weise von den damals Mächtigen zurückgewiesen. Dies ist die wohl größte Gemeinsamkeit zum Herbst 89. Im Jahre 1871 wurde dann unter ganz anderen Vorzeichen die deutsche Einheit vollzogen, durch »Blut und Eisen« unter dem verbindenden Eindruck des gemeinsamen Feldzugs der deutschen Stämme gegen Frankreich. Aber diese Reichsgründung unter Bismarck hatte nun überhaupt nichts mehr zu tun mit den engagierten Bürgern, sondern war eine Angelegenheit unter gekrönten Häuptern, Aristokraten und Junkern. Auch ist es ein Irrtum anzunehmen, daß es ein ausgesprochenes Ziel für Bismarck war, Deutschland zu einen; seine Perspektive war immer die eines Dieners der Macht, der seinem Herrscher noch größere Macht verschaffen wollte.

Diese Ausgliederung hat sich, wie wir wissen, in der Entwicklung des deutschen Kaiserreiches verhängnisvoll ausgewirkt. Sie hat nämlich unmöglich gemacht, daß sich in Deutschland eine wirklich bodenständige Identität, ein empfindendes Bewußtsein für ein gemeinsames, sinnvolles Zivilisationsziel entfalten konnte. Man zitiert gerade jetzt in diesen Tagen gern ein geflügeltes Wort Bismarcks: »Deutschland haben wir in den Sattel gehoben, reiten wird es schon von allein.« Es konnte eben nicht von allein reiten, das heißt Orientierung und Ziel finden, wenn die geistig-kulturellen Impulse Mitteleuropas keine Berücksichtigung bei seiner Einrichtung fanden. Nachdem der Schwung der Gründerzeit verflogen war, wurden mehr und mehr rein äußerliche Werte maßgebend: eine unheilvolle Verquickung von Wirtschaft, Staat und Militär entstand. Unter Wilhelm II. kam dieses Gemisch immer stärker in ein nationalistisches Fahrwasser. Der Staat spielte sich zunehmend als Wirtschaftler auf, aus nationalem Prestige mußten Kolonien geschaffen werden, was es bis dahin nicht gegeben hatte in Deutschland. Schließlich versteifte sich Wilhelm II. darauf, aus Deutschland eine Seemacht zu machen. Er begann in bodenloser weltpolitischer Naivität, den Briten eine mächtige deutsche Flotte vorzusetzen. Wir müssen uns hier auf kurze Andeutungen beschränken, und wir können in einer Formel etwa sagen: Es war Großmachtpolitik, die Deutschland zu betreiben begann, eine Politik, wie sie bis dahin vor allem die beiden westlichen Großmächte England und Frankreich betrieben hatten. In eigentümlicher Sturheit pochte Wilhelm darauf, für Deutschland das Gleiche zu wollen, was die Westmächte hatten, etwas Neues fiel ihm nicht ein, und er bewirkte dabei nichts anderes, als daß er das Ausland mißtrauisch machte gegen dieses Deutschland, das sich da plötzlich als neue Weltmacht profilierte. Dabei gab es andere Aufgabenstellungen. Man denke nur an die soziale Frage! Es wäre die vornehmste Gelegenheit für Deutschland gewesen, nicht einfach alles nachzuahmen, was ihm der Westen vorgemacht hatte, sondern gerade im politischen und sozialen Leben die Probleme der modernen Industriegesellschaft anzugehen, die im letzten Drittel des 19. Jahrhunderts nach einer Lösung drängten, statt die Kräfte für äußere Großmachtpolitik zu verschwenden.

Der Mangel an eigener Identität gilt auch im Hinblick auf das kulturelle Leben. Das Ende des 19. Jahrhunderts war ja geprägt von einer grundlegenden Wertekrise, die durch den Materialismus und die Naturwissenschaften heraufgeführt wurde. Es hätte sich nun die Möglichkeit geboten, in der Weiterentwicklung mitteleuropäischen Denkens, der wissenschaftlichen Ansätze Goethes und des philosophischen Idealismus, auf diese Wertkrise einzugehen – diese Krise, deren weltanschauliche Wurzeln ja kulturgeographisch eher im Westen liegen, im Empirismus und Rationalismus. Aber statt dessen kopierte man diese Denkungsart und ließ die eigenen geistigen Wurzeln zu bildungsbürgerlichen Plaudereien verkommen.

Geistig gesehen steht das letzte Drittel des 19. Jahrhunderts in Deutschland eben nicht im Zeichen goetheanistischer Wissenschaft und geistvoller Ideen über die menschliche Freiheit, sondern im Zeichen eines empirisch-naturwissenschaftlichen Denkens, wie man es sonst in Westeuropa auch findet.

Sicher war dieser Mangel an unverwechselbarer Identität nicht die alleinige Ursache für den folgenden Ersten Weltkrieg, aber er macht doch vieles davon verständlich.

Nun wird mancher sagen: Wenigstens im letzten Herbst aber ist einmal das Element des Volkes, der Idealismus der Basis, das entscheidende Element gewesen. Ohne die Bürgerbewegung wäre ja das SED-Regime niemals ins Schwanken gekommen. Ja wirklich, dieser letzte Herbst hat gezeigt, was in Deutschland auch möglich ist. Trotzdem darf man nicht vergessen, daß diese Erhebung nicht möglich gewesen wäre ohne bestimmte weltpolitische Rahmenbedingungen. Man muß unterscheiden, was an diesen Vorgängen die Geburt war – und da bedeuten die Massendemonstrationen großartige Sternstunden der deutschen Geschichte –, und was ihnen gewissermaßen an Konzeption vorangegangen ist. Da kommen wir in ganz andere Dimensionen hinein, an die ich auch kurz erinnern möchte.

Da ist natürlich einmal zu nennen die Wirksamkeit von Gorbatschow, der etwa von 1987 an den osteuropäischen sozialistischen Staaten signalisiert hat, daß er die Breschnjew-Doktrin aufgeben, also eine eigenständige nationale Entwicklung der bisherigen »Bruderstaaten« dulden werde. Die SED-Spitze hat lange gebraucht, um das zu verstehen, und erst als Gorbatschow anläßlich der 40-Jahr-Feier der DDR in Ost-Berlin am 6. Oktober den bekannten Satz aussprach: »Wer zu spät kommt, den bestraft das Leben«, da wußten sie, was die Stunde geschlagen hatte. Schon zuvor, im Sommer, hatten Tausende von DDR-Bürgern ihr Land über Polen, die Tschechoslowakei und vor allem Ungarn verlassen, was vor der Lockerung des Drucks aus Moskau einfach nicht möglich gewesen wäre, weil man zum Beispiel die Flucht in Botschaften ganz einfach mit Gewalt verhindert hätte.

Aber auch von der anderen Seite her, von Westen, gab es entscheidende Weichenstellungen, was oft übersehen wird. In einem schon 1986 erschienenen Buch des wichtigen amerikanischen Politikers Z. Brzezinski[2] kann man nachlesen, daß damals die psychologischen Grundlagen für die Teilung Europas als nicht mehr gegeben betrachtet wurden, daß diese Teilung aus amerikanischem Interesse nun langsam aufgehoben werden solle. Die westlichen Verbündeten, also in erster Linie Westdeutschland, aber auch Japan, sollten nunmehr stärker in weltpolitische Verantwortung genommen werden, oder anders ausgedrückt, der amerikanischen Weltmachtstellung neuen Schwung geben. Es wird auch angedeutet, daß für die Normalisierung der Beziehungen mit Osteuropa die Deutschen besonders geeignet seien, daß sie dies übernehmen könnten, ohne daß dabei für die USA ein Ansehensverlust eintrete. Vor diesem Hintergrund erweist sich der oft erzeugte Anschein, die Amerikaner hätten dem deutschen Vereinigungsprozeß mehr zähneknirschend zugeschaut, als gewaltige Illusion. Die einzige wirkliche Sorge der Amerikaner war, ob den Deutschen ihre Einheit ein Entgegenkommen gegenüber den Sowjets und den Austritt aus der Westallianz wert sein würde. Sie haben die Eigenständigkeit der Bundesrepublik weit überschätzt.

2 »Planspiel«, in deutscher Übersetzung erst 1989 erschienen.

Halten wir aber fest: Die Weichen für eine Ost-West-Annäherung, auch für die deutsche Einheit, waren anderswo gestellt, nicht auf der Straße.

Wenn man die Festreden des heutigen Tages hört, muß man den Eindruck haben: Eigentlich hat jeder die Wiedervereinigung gewollt, haben alle nur auf diesen Tag gewartet, lag uns das Schicksal der DDR-(Mit-)Bürger offenbar sehr am Herzen. Aber dies ist ganz sicher falsch, und ich möchte doch, trotz aller gegenteiligen Beteuerungen dieser Tage, an die Realität des deutsch-deutschen Verhältnisses in den letzten Jahren erinnern dürfen.

Die »Einheit Deutschlands« war in den letzten Jahrzehnten nur noch ein Thema für den 17. Juni. Es gab ja keine Ideen, wie man aus dem polarisierten Ost-West-Denken herausgefunden hätte! Der Gedanke an eine eigenständige Mitte war und ist verpönt. Das gilt auch für das Kulturleben in Deutschland. Im Herbst 1988 schrieb die Wochenzeitung »Die Zeit« eine Anzahl prominenter Autoren mit der Bitte an, sich im Rahmen einer Reihe zum Thema der »deutschen Frage« zu äußern. Die Antworten fielen derart gelangweilt und ablehnend aus, daß die geplante Serie nie zustande kam. Man wollte mit diesem Thema in Ruhe gelassen werden.

Wenn man auf dieses vier Jahrzehnte dauernde Verhältnis zurückblickt, dann fallen zunächst einmal ideologisch hochverkrampfte Situationen in den Blick, protokollarische Streitigkeiten und gegenseitige Nicht-Anerkennung immer dann, wenn es offiziell wurde. Inoffiziell funktionierte die Kooperation zwischen den beiden deutschen Staaten dagegen nicht schlecht: Die ideologisch verachtete BRD war der wichtigste westliche Wirtschaftspartner der DDR, umgekehrt profitierte die BRD von den günstigen Wirtschaftsbeziehungen mit der DDR, die ja juristisch kein Ausland war und zum Beispiel keine Handelszölle erheben konnte. Dies ergab extrem günstige Bedingungen für den Weiterverkauf von Fertig- und

Halbfertigprodukten. Diejenigen Westdeutschen, die am meisten über die Verhältnisse in der kommunistischen DDR schimpften, halfen daher auch am kräftigsten nach, wenn es um höhere Kredite für die DDR ging, welche die wirtschaftliche Verflechtung stärkten. Einen Gipfel erreichte das Big-Business mit dem ideologischen Gegner im Freikauf politischer Gefangener durch den Westen. Hier tat man den SED-Bonzen den Gefallen, ihren autokratischen Eifer auch noch in Form begehrter Devisen zu honorieren. Einen wirklich konsequenten Kurs gegen die Mißachtung der Grundrechte hat keine westdeutsche Regierung gegenüber der DDR verfolgt. Niemand hat den Mut aufgebracht, die Angebote der DDR, Rentner ausreisen und Westler für wenige Tage unter vollständiger Kontrolle einreisen zu lassen, als das zu bezeichnen, was sie wirklich waren, nämlich als absolut lächerlich. Statt dessen wurden solche Lockerungen des Knebels als sogenannte »menschliche Erleichterungen« gefeiert und der Gegenseite gut bezahlt. Die Widerstandskraft der Gedrückten in der DDR wird solches Handeln kaum gestärkt haben. Kann man den westlichen Politikern dies zum Vorwurf machen? Sie denken ja nicht über die nächste Wahl hinaus. Was man aber von ihnen verlangen kann, ist, heute ehrlich zu sein und einzugestehen, daß sie gerade deshalb nicht konsequent auf die Einhaltung der Menschenrechte gesetzt und mit der DDR faktisch paktiert haben, weil sie von der Unumkehrbarkeit der Zweistaatlichkeit überzeugt waren. Man war eben nicht bereit, auf kurzfristig sich bietende Vorteile zu verzichten, weil man sich langfristig mit dem »status quo« bereits abgefunden hatte. Erinnern wir uns daran, daß noch 1987 Erich Honecker – derselbe, der heute vor Gericht gestellt werden soll – sich zu einem Staatsbesuch mit allen Ehren geladen fand, eine Geste, die nicht nur vom SED-Chef als Gipfel seiner Karriere empfunden, sondern im Grunde von jedermann als offizielle Anerkennung der DDR betrachtet wurde. Selbstverständlich lauteten die offiziellen Töne anders.

Man erinnere sich, daß noch 1988 Egon Bahr in seiner »Studie zum europäischen Frieden – eine Antwort auf Gorbatschow« vorgeschlagen hat, man solle die Existenz zweier deutscher Staaten durch den Abschluß zweier Friedensverträge anerkennen. Man erinnere sich auch, wie von dieser Seite aus das Konzept »Wandel durch Annäherung« praktiziert wurde, das die SED zu einer »sozialistischen Alternative« hochstilisierte. Letzten Endes ist auch der ganze Komplex der Ostverträge in den siebziger Jahren nur vor dem Hintergrund verständlich, daß man sich mit dem »status quo« abgefunden hatte.

Völlig verfehlt wäre indessen die Annahme, daß die konservative Seite Grund hätte, den Sozialisten Vorwürfe zu machen und sich selbst als Wegbereiter der Einheit darzustellen. Erinnern wir uns nur einmal daran, wie die Teilung nach dem Zweiten Weltkrieg zustande kam, und welche Rolle die Konservativen dabei spielten.

Es liegt ja heute sehr nahe, die Nachkriegsentwicklung hin zu den beiden deutschen Staaten als zwangsläufiges Geschehen zu betrachten, das einfach nur die Fortsetzung des militärischen Zustandes bei Kriegsende darstellte. Es scheint dann nur konsequent, wenn sich aus den westlichen Besatzungszonen die BRD und aus der östlichen Zone die DDR entwickelt hat. Dies ist aber nicht die ganze Wahrheit. Für viele Politiker der unmittelbaren Nachkriegszeit bedeutete es ein hohes Ziel, Deutschland als eine Einheit zu erhalten – auch um den Preis politischer und wirtschaftlicher Nachteile willen. Kurt Schumacher (SPD) und Karl Arnold (CDU) waren prominente Vertreter der Auffassung, daß das neu aufzubauende Deutschland sich weder dem kapitalistischen noch dem sozialistischen Lager anschließen solle. Arnold wollte zum Beispiel die Kapitalkonzentration in wenigen Großkonzernen, wie sie den westlichen Kapitalismus kennzeichnet, verhindern und weite Teile der Industrie in Gemeineigentum überführen. »Ein Ausgleich zwischen Sozialismus und Freiheit ist unsere Aufgabe«, waren die Worte von Jakob Kaiser (CDU), der damals ausdrücklich die Idee einer »Dritten Kraft« ins Auge faßte, die ein künftiges Deutschland zwischen den Blöcken darstellen könne. Heute wäre seine Position Grund für einen Parteiausschluß.

Noch einmal flackerten eigenständiger Idealismus und mitteleuropäisches Ideengut auf. Daß es anders kam, daß vor allem das Festhalten an der Einheit der Nation aufgegeben wurde, das ist, wie wir heute wissen, vor allem dem Einfluß eines Menschen zuzuschreiben, der mit geradezu missionarischem persönlichen Eifer den Westanschluß der Bundesrepublik vorantrieb. Dieser Mann war Konrad Adenauer. Es ist heute schwer zu sagen, ob die Teilung Deutschlands hätte verhindert werden können, wenn Adenauer nicht zum Zuge gekommen wäre. Natürlich wirkte die zunehmend diktatorische politische Praxis der Sowjets in ihrer Besatzungszone ebenso abstoßend wie die amerikanische Wirtschaftshilfe im Westteil anziehend wirkte. Die Frage ist auch, ob dasjenige, was die alleinige Alternative zur Zweistaatlichkeit gewesen wäre – ein neutrales, blockfreies und wirtschaftlich sicher schwächeres Deutschland – eine wirkliche Chance gehabt hätte. Es ist aber keine Frage, daß für Adenauer solche Alternativen überhaupt nicht in Frage kamen und daß für ihn die Einheit Deutschlands keinen Wert darstellte, für den sich auch nur ein Versuch gelohnt hätte. Wie rigoros sich dieser Mann dem Gedanken an die Wiederherstellung der Einheit widersetzte, zeigt ein erst im letzten Jahr veröffentlichtes Protokoll eines Gesprächs, das Adenauer mit dem britischen Botschafter Kirkpatrick über die Möglichkeit einer Wiedervereinigung Deutschlands in den 50er Jahren führte. Adenauers Äußerung wurde damals angeregt von einem Wiedervereinigungsangebot der Sowjets. Die aufschlußreiche Aufzeichnung Kirkpatricks lautet:

»1. Der deutsche Botschafter sagte mir gestern, er wolle mir zu diesem Thema eine außerordentliche Mitteilung machen.

Ich würde mich daran erinnern, daß ich ihm ... gesagt hätte, ich sei zu dem Schluß gekommen, daß wir am Ende wohl doch flexibler als die Amerikaner sein und eine Haltung einnehmen müßten, in der wir uns bereit erklären würden, mit den Russen jeden vernünftigen Sicherheitspakt abzuschließen, vorausgesetzt, Deutschland werde auf der Grundlage freier Wahlen wiedervereinigt ...

2. Der Botschafter sagte mir, er habe über diese Möglichkeit sehr vertraulich mit dem Kanzler gesprochen. Dr. Adenauer läßt mir mitteilen, daß er diesen Plan ablehnt. Der Grund dafür sei schlicht der, daß er kein Vertrauen mehr zum deutschen Volk habe. Ihn treibe die Furcht um, daß sich, wenn er einmal nicht mehr da sei, eine deutsche Regierung auf ein Geschäft mit den Russen auf Kosten der Deutschen einlassen könnte. Er habe für sich daraus den Schluß gezogen, daß die Integration Westdeutschlands in den Westen wichtiger sei als die Wiedervereinigung Deutschlands.«

Diese Bemerkungen sind eindeutig und durchsichtig wie die ganze Politik Adenauers. Sie sind auch keineswegs geheim, sondern waren im letzten Sommer überall in der Presse zu lesen.[3] Das hindert Politiker und Presseleute in unseren Tagen nicht, Adenauer als einen der »Väter der Einheit« darzustellen!

Als Fazit unserer kleinen »Erinnerungshilfe« möchte ich festhalten: Die Wiedervereinigung war wirklich nichts, auf das man gewartet hätte. Und es kann nichts Fruchtbares entstehen, wenn man heute im Jubelrausch glatte Geschichtsfälschung und Selbstbetrug pflegt. Wie gut hätte ein freies Eingeständnis der eigenen Versäumnisse getan!

Wenn Rudolf Steiner 1919 im Rückblick auf das zusammengebrochene Kaiserreich feststellte, daß diesem Reich der Zusammenhalt durch eine in der Welt vertrauenschaffende Idee

3 Z.B. in der Westfälischen Rundschau vom 14. Juli 1989, der das wiedergegebene Zitat entnommen ist.

gefehlt hätte, so gilt dies erst recht für die Wiederherstellung des neuen, gemeinsamen deutschen Staates von heute. Nach 1945 *durften* die Deutschen in West und in Ost keine eigene Identität aufbauen, heute *wollen* sie es nicht mehr. Für ihr wirtschaftliches Wohlergehen innerhalb der EG und an der Seite der USA haben sie den Preis der geschichtlichen Bedeutungslosigkeit bezahlt.

Man wird vielleicht sagen: Das hat auch sein Gutes, weil durch das Abtreten der Eigenständigkeit auch die Gefahr ausgeschaltet ist, daß sich in Deutschland ein nationalistisches Großmachtstreben wiederholt. Gerade dies ist ja wieder und immer wieder von unseren Politikern seit Adenauer betont worden, daß wir Deutschen keinen »Sonderweg« mehr wollen. Politisch ist das auch insofern richtig, als wir keine neue Machtstellung erringen wollen. Aber zwei Fragen müssen sich doch stellen: Wird zum ersten Deutschland nicht gerade durch seine neue Stellung innerhalb von EG und Nato wirtschaftlich, politisch und auch militärisch mehr in die großmacht-politische Sphäre des Westens hineingezogen, als dies bei einer neutralen Position der Fall wäre? Und ist zum zweiten der Verzicht auf Eigenständigkeit auf einem ganz anderen Gebiet, im wissenschaftlichen und kulturellen Leben, der mit der West-Integration einhergegangen ist, nicht vielleicht eine große Unterlassungssünde, wenn man auf den bedrohten weiteren Fortgang der Menschheitsentwicklung blickt? Vielleicht werden spätere Generationen danach fragen, warum dem naturwissenschaftlichen Materialismus mit seinen Auswirkungen – zum Beispiel in der Umweltzerstörung, der Manipulation des Erbgutes usw. – nicht dort Einhalt geboten wurde, wo dies aufgrund der besonderen geistigen Vorbedingungen möglicher war als anderswo.

Ich schließe mit einer Episode, die auf Rudolf Steiner zur Zeit der Begründung der biologisch-dynamischen Landwirtschaft im Jahre 1924 zurückgeht. Damals antwortete er dem

Grafen Keyserlingk[4] in bezug auf die Frage nach der Zukunft Deutschlands, dieses werde einmal nur eine amerikanische Kolonie sein. – Dabei hat er wohl kaum damit gerechnet, daß einmal für längere Zeit amerikanische Truppen in Deutschland stationiert sein würden, sondern er hat damit eine bestimmte Infiltration des Kulturlebens gemeint. Die Truppen werden vielleicht bald abgezogen. Aber auch danach wird bei uns keine goetheanistische Kultur Fuß fassen, da es keine eigenständige kulturelle Identität mehr gibt. Diese kann, auch darauf hat Rudolf Steiner hingewiesen, nur noch in kleinen Bildungsoasen aufrechterhalten werden, die sich trotz heftigen Gegenwindes und ohne jede Unterstützung seitens der mächtigen Interessengruppen bilden müssen. Wollen wir uns bemühen, bescheidene Ansätze dazu beizutragen.

4 Vgl. A.v. Keyserlingk (Hg.): Koberwitz 1924. Stuttgart 1974, S.70.

Die Redezeit ist zu Ende

Dietmar Ferger

An diesem Tag stellt sich mir die Frage: Was verändert sich für mich? Hat diese »Wiedervereinigung« Konsequenzen für mich? Für uns (Studenten)? Habe ich wirklich »Gefühle« heute, und sind dies freudige oder eher ängstliche?

Natürlich freuen wir uns für die Menschen aus dem östlichen Teil Europas, daß sie frei reisen dürfen, frei reden dürfen, frei arbeiten dürfen – zum Beispiel auch am Aufbau von Waldorfschulen –, daß sie jetzt alle die Freiheiten haben, die für uns schon lange selbstverständlich waren. Aber, seien wir doch ehrlich: Hat es uns sehr gestört, daß sie diese Errungenschaften vor einem Jahr nicht hatten? Wir hatten uns doch sehr gut in der Zweistaatlichkeit, mit dieser jegliche Menschenwürde verachtenden Grenze eingerichtet, dieser Zustand hat unser Denken, unser Fühlen, unser Handeln kaum berührt. Wir waren – und sind – abgestumpft auf der menschlich-mitfühlenden Ebene durch die tägliche Überflutung mit Sinnes-, Reklame-, Medien-, Konsum- und sonstigen Eindrücken, gegen die wir, um überhaupt noch Mensch bleiben zu können, eine instinktive Abwehrkraft entwickelt haben, wir sind systematisch desensibilisiert worden. »Drüben« bestand der Materialismus darin, daß das Bewußtsein dadurch besetzt war, die alltäglichen materiellen Dinge zum Leben zu beschaffen. Hier besteht er darin, daß unser Bewußtsein sich darauf richtet, die Flut an materiellen Anreizen zu sortieren, mit ihr umzugehen, zu überlegen, was wo wie am billigsten zu kaufen sei ... Exportieren wir jetzt »unseren« Materialismus nach »drüben«, so daß der eine durch den anderen ersetzt wird? Überrennen wir mit unserer Unsensibilität, mit unserer sozialen Dickhäutigkeit und Abgestumpftheit jetzt eine viel sensiblere, in gewissem Sinne menschlichere Sozialkultur? Dies sind Fragen, die uns jetzt kommen, die aber vorher nicht relevant waren. Wir haben über unseren Konsum-Materialismus wenig reflektiert. Jetzt kann er uns bewußt werden. Wir können uns bewußt werden, was die eigentlichen menschlichen Werte sind, wir sollten lernen, unsere materiellen Möglichkeiten zur Verwirklichung dieser menschlichen Werte einzusetzen.

Was charakterisiert nun die heutige Situation? Sie ist gekennzeichnet dadurch, daß sich überall offene Möglichkeiten anbieten, Gestaltungsaufgaben. Neue Formen müssen gefunden werden, um alte zu ersetzen – aber muß dies nur »im Osten« geschehen? Sind die Formen, die *hier* bestehen, nicht auch einer Neugestaltung bedürftig, einer Weiterentwicklung? Müssen wir nicht gerade jetzt *hier* an der Weiterentwicklung der hiesigen Formen arbeiten, impulsiert durch die Bewegung, durch die soziale Sensibilität, die aus dem Osten kommt? Es ist natürlich wichtig, das Erarbeitete und Bewährte weiterzugeben – aber ist dies das einzige?

Ein zweites Charakteristikum der heutigen Situation ist, daß gehandelt wird. Es kommt das zum Zuge, zur Verwirklichung, was gewollt wird – sei es nun sinnvoll oder nicht. Sehr viel Zeit zum Denken und Reden gibt es nicht. Die Rede-Zeit ist vorbei. Diskussionen werden, wenn überhaupt, nur noch im nachhinein geführt. Ist es vielleicht ein Zeichen, daß die »Wiedervereinigung« zur Michaeli-Zeit, zur Zeit des Willens, begann und jetzt, ein Jahr danach, wieder zur Michaeli-Zeit beendet ist?

Wir stehen also vor zwei Aufgaben: Einerseits kommt der Ruf aus dem Osten nach erprobten, erarbeiteten menschen- und naturgemäßen Formen der Gestaltung des Lebens, andererseits haben wir auch hier große Probleme, für die – auch durch Versäumnisse in der Vergangenheit – noch keine neuen

Ideen entwickelt worden sind. Es läßt sich ja mit den alten Formen und Formeln und einer gewissen sozialen Dickhäutigkeit und Unsensibilität doch immer noch ganz passabel leben.

Kommen wir aber auf die anfängliche Frage zurück: Welche Konsequenzen hat der heutige Tag, die neue Situation, für uns, welche Möglichkeiten, aber auch Gefahren, birgt sie? Wir haben zusätzlich zu den hier bestehenden Gestaltungsaufgaben noch neue Aufgaben hinzubekommen. Es gibt Hunderte von Aufgaben, die sinnvoll und notwendig sind, die von allen Enden rufen. Kann ich mich nur daran orientieren, was sinnvoll und notwendig ist? Werde ich mich dann nicht hoffnungslos verzetteln? Muß ich mich nicht jetzt in verstärktem Maße fragen, was ich will, was eigentlich mein Impuls ist? Und dann, wenn ich diesen Impuls in mir gefunden habe, wenn ich ihn mit einer neuen sozialen Sensibilität als sinnvoll und notwendig erkannt habe, auch dazu stehen, auch sagen »ich will«, und so eine der vielen Aufgaben aus eigenem Entschluß und eigener Freiheit zu »meiner Sache« machen? Die Zeitnotwendigkeiten erkennen, seine eigene Aufgabe darin erspüren und aus eigenem freien Entschluß heraus handeln – ist dies nicht etwas, das wir aus den Ereignissen des letzten Jahres lernen können? Hätten die Ungarn die Weltöffentlichkeit gefragt und diskutiert, ob es sinnvoll und notwendig wäre, die Grenzen zu öffnen, hätten sie es dann getan? Sie haben den Geist der Zeit, die Notwendigkeit, erkannt und gehandelt. Hätten die Menschen der DDR gefragt und diskutiert, ob es sinnvoll und notwendig wäre, zu demonstrieren, hätten sie es dann getan?

Ein Gegenbild dazu zeigt sich im Verhalten der Wirtschafts- und Industriebetriebe: auch sie (und die ihr hörigen Politiker) wollen; sie handeln, ohne zu fragen und zu diskutieren. Auch sie haben den Geist der Zeit und seine Möglichkeiten erkannt, aber sie handeln ohne soziale Sensibilität und haben nicht das im Auge, was sinnvoll und notwendig ist, sondern nur ihre eigenen Interessen.

Ich hoffe, daß wir lernen, unsere als sinnvoll und notwendig erkannten Impulse wirklich zu wollen – dann verblassen auch alle kleinen Meinungsverschiedenheiten –, und daß wir realisieren, daß es jetzt an der Zeit ist, aus eigener, individueller Freiheit und Verantwortung heraus zu handeln.

Die deutsch-deutsche Vereinigung als Aufgabe

Werner Rauer

Die folgenden Ausführungen sind eine ergänzte und erweiterte Wiedergabe eines Beitrages im Rahmen einer Veranstaltung, zu der die Studenten des Instituts für Waldorfpädagogik am 3. Oktober 1990 eingeladen hatten. Es war um eine spontane, zeitgeschichtliche Stellungnahme gebeten worden, nicht etwa um einen historischen Abriß oder eine entsprechende Einordnung oder Gewichtung. In diesem Sinne sind die hier vorgebrachten Überlegungen und Urteile aufzufassen – durchaus aphoristisch, und vor allem mit der Absicht versehen, auf einiges hinzuweisen, was unseres Erachtens viel zu wenig berücksichtigt wird.

Die wohl auffälligste Erscheinung, die einem bei allen Diskussionen und Geschehnissen, die sich um die Frage der deutsch-deutschen Vereinigung rankten, ins Auge fallen mußte, betrifft die Art und den Stil der vorgebrachten Gedankengänge und Urteilsbildungen. So konnte man einerseits beobachten, daß sich die Redner oft stark auf persönliche Erlebnisse und Standpunkte abstützten, sie gaben das auch durchaus zu und räumten ein, keine allgemein gültigen Aussagen machen zu können. Wenn es andererseits zu Aussagen kam, die den Anspruch erhoben, allgemein gültig zu sein, wirkten diese abstrakt, unscharf und verschwommen. Man mußte den Eindruck gewinnen, daß die Deutschen – und nur von diesen soll hier die Rede sein – in den vergangenen Monaten *treibenden Kräften ausgesetzt waren, denen gegenüber das sonst übliche Nachdenken und Ideenvermögen versagte.* Mit der Öffnung der Grenzen im November 1989 setzten geradezu hektische Diskussionen und Auseinandersetzungen darüber ein, was nun zu tun sei, und wie man es zu tun hatte. Die mehr konservativ orientierten Kreise hielten es für nahezu selbstverständlich, die beiden in vierzig Jahren getrennt herangewachsenen Staaten wieder ohne größere Umstände zu einem einheitlichen Staatsgebilde zusammenzufügen. Die genannte Unsicherheit zeigte sich bei ihnen allerdings in dem Widerspruch, daß sie wohl immer wieder beteuerten, es sei dabei jedoch in keiner Weise an ein Wiederaufleben nationalstaatlicher Ideen gedacht, daß sie aber daneben außer dem reichlich verschwommenen Vorsatz, das wiedervereinigte Deutschland in ein noch zu schaffendes vereintes Europa einzubetten, keine wirklich tragende, sinngebende Idee für diese Vereinigung nennen konnten. Geradezu symptomatisch dafür muß einem die Auseinandersetzung über die Frage, ob Berlin wieder Regierungssitz werden soll, vorkommen. Wie sehr würde man sich doch wünschen, diese Frage mit tieferen Beweggründen anzugehen. Jedenfalls hätten wir Deutsche aus unserer Geschichte heraus dafür allen Grund. Bundespräsident von Weizsäcker äußerte zu dieser Frage: »Wenn die Lebensfähigkeit unseres Föderalismus davon abhängt, daß der Regierungssitz nicht nach Berlin darf – was ist denn das für ein kümmerlicher Föderalismus.«[1] Ihm ist es wichtig – und das begründet er auch –, daß Berlin wieder Regierungssitz wird. Aber müssen wir uns denn nicht fragen, ob nicht gerade der hier angesprochene Föderalismus etwas ist, was im Zusammenhang mit der Vereinigungsfrage neu und tiefer erarbeitet werden muß? Wie könnte er denn in den nächsten Jahrzehnten aussehen? Für welchen geistigen Inhalt soll er das staatliche Gewand sein? Man hat den Eindruck, unsere Vorstellungen sind den gestellten Aufgaben kaum gewachsen.

Der Schriftsteller Martin Walser macht für sich selbst gar

1 »Die Welt« vom 2.11.1990.

nicht erst den Versuch, in der Wiedervereinigungsfrage ein Problem von großer Bedeutung zu sehen: »Was in der DDR und Bundesrepublik getrennt war, ist ja trotzdem, wie jeder wird zugeben müssen, *ein* Deutschland, und zwar schon vor Bismarck. Man hat es schon 1848 gewollt und nicht bekommen und nachher in der Form von 1871. Aber das hat es wohl schon immer als geschichtlichen und politischen Wunsch, der fast so etwas wie eine Wirklichkeit war, gegeben, das muß ich jetzt doch nicht mehr beweisen.«[2] Hier fehlt vollkommen die Berücksichtigung der deutschen und weltweiten Entwicklungen der letzten hundert Jahre. Eine solche Argumentation ist wenig tragfähig. Von den mehr sozialistisch orientierten Kreisen – wir beschränken uns hier auf diesen einen Gedanken – hätte man eigentlich eine ausgiebige Diskussion der Eigentumsfrage erwarten können. Die Verhältnisse, die man in der DDR vorfand, boten das doch geradezu an. Aber man kannte einzig und allein die Alternative »Staatseigentum – Privateigentum«, so daß letztlich nur halbherzige Rechnungen zur Kostenfrage der Vereinigung zustande kamen und man sich ansonsten nicht weiter bemühte. In diesem Zusammenhang sei schließlich noch das lesenswerte Buch »Staatsbegräbnis« von Thomas Schmid genannt.[3] Der Autor ist freier Schriftsteller und Mitarbeiter am Amt für kulturelle Angelegenheiten in Frankfurt a. M., der Verlag nennt ihn einen »ökolibertären Querdenker bei den Grünen«. Wir können Thomas Schmid gut folgen, wenn er schreibt, daß die äußerst unterschiedlichen politischen Voraussetzungen und Entwicklungen in der DDR und der BRD im Grunde eine ausführliche Bestandsaufnahme und Gewichtung der jeweiligen Verhältnisse als notwendige Voraussetzung für die Entscheidungen über das »Ob« und eventuelle »Wie« einer Vereinigung erfordert hätten. Beide deutschen Staaten waren ja

2 »Der Spiegel« vom 8.10. 1990.

3 Thomas Schmid: Staatsbegräbnis. Berlin 1990.

vordem durch die Teilung Europas und durch die jeweilige westliche oder östliche Einbindung daran gehindert, nationalstaatliche Impulse auszubilden. Das wurde mit der Vereinigung mit einem Schlage anders. Nicht daß zur Zeit solche nationalstaatlichen Impulse besonders hervorträten, was wir im Gegensatz zu Thomas Schmid doch sagen möchten, aber die Gefahr, daß ein vereinigtes Deutschland bei Ausklammerung jeder *geistig-kulturellen Aufgabenstellung* ein geistiges Vakuum darstellt, die ist doch nicht von der Hand zu weisen. Schmid wehrt sich zu Recht dagegen, sich ohne tiefere Ideenbildungen nur den treibenden Zwangsgesetzen des Tagesgeschehens auszuliefern. Dazu folgendes Zitat aus der genannten Schrift: »... und schon mit der kleinsten Hinnahme angeblicher Zwangsgesetze der Geschichte wird die Möglichkeit der Freiheit in Frage gestellt. Es hat nie so kommen müssen, wie es gekommen ist. Es gibt immer Alternativen.« Wenn man in dem Buch aber nach Alternativen sucht, findet man neben dem »Nein zum gegenwärtigen öffentlichen Diskurs der deutschen Frage« und neben dem Hinweis »auf vergessene Motive der sozialistischen Idee« einzig die vehemente »Verwahrung gegen die Wiederkehr der Theorie des Eigennutzes«. Nun, die überkommene sozialistische Idee hat ihren Bankrott erlebt. Könnte das nicht – und seien die sozialistischen Ideen noch so gut – daran liegen, daß der Eigennutz eben gerade auf diesem Wege nicht überwunden oder ausgeglichen werden kann? Ökonomisch und politisch gesehen wird der Eigennutz weiter der scheinbar einzige Antrieb des sozialen Lebens sein – sicher wird man durch berechtigte und sinnvolle Rahmengesetze Auswüchsen steuern können; doch es müßte erkannt werden, daß *der Impuls zur Brüderlichkeit* nicht aus äußeren Formen des Lebens, sondern nur aus sinngebenden Inhalten, die wir dem Leben zu geben vermögen, erwachsen kann. Das aber sind Fragen der Erziehung und der Arbeit eines jeden an sich selbst, und damit wieder Fragen echter geistiger Zielsetzungen.

Wirklich wirksam waren bisher eigentlich bei der deutschen Vereinigung nur zwei Komponenten, die sich gegenseitig bedingten und zu einer sich selbst aufschaukelnden Resultante führten. Zum einen die Medien, vor allem das Fernsehen, und zum anderen rein wirtschaftliche Interessen und Kräfte. Die Ostdeutschen konnten im Fernsehen die Öffnung der Grenze zwischen Ungarn und Österreich verfolgen, und damit steigerte sich die Massenflucht aus der damaligen DDR. Als sich dann die Führung der SED gezwungen sah, die Grenzen zur BRD zu öffnen, war das alte Regime praktisch erledigt. Ansätze des »Runden Tisches«, in Ostberlin eigene neue politische und ökonomische Wege zu gehen, wurden von den wirtschaftlichen Interessen der Bewohner Ostdeutschlands und den aus dem Westen kommenden Angeboten überrollt. Auch hier war es das Fernsehen, das den Bürgern Ostdeutschlands, alle Tage »die Mauer überwindend«, den im Westen herrschenden Wohlstand eindringlich vorführte. Es steht uns nicht an, das alles zu kritisieren. Hier haben sich letztendlich elementare, tagtäglich erlebbare Bedürfnisse durchgesetzt. Alle diesbezüglichen Entscheidungen sind ja auch demokratisch und ordnungsgemäß zustande gekommen.

Damit sind die Wirksamkeiten beschrieben, die im engeren Sinne das deutsch-deutsche Geschehen bestimmt haben. Möglich wurde das allerdings nur durch die Perestroika-Politik Michail Gorbatschows, welche die nötigen Freiräume schuf. Diesen Rahmen muß man natürlich sehen. Ein näheres Eingehen darauf ginge aber über die Absichten dieser Betrachtung hinaus.

Bevor wir versuchen, auf die schon angedeuteten Hintergründe und tieferen Ursachen der deutsch-deutschen Problematik einzugehen, müssen wir einen kurzen Blick, jedenfalls soweit es Deutschland betrifft, auf das nun nahezu abgelaufene 20. Jahrhundert werfen. Etwas grob gesehen, aber doch nicht unzutreffend, hat es in dieser Zeit drei große Zäsuren oder

Umbrüche gegeben, 1918, 1933 und 1945. 1918 und 1945, die Jahre nach den verlorenen Weltkriegen, waren, wenn auch in unterschiedlichster Weise, weitgehend dadurch bestimmt, daß man versuchte, das im Äußeren Verlorene zurückzugewinnen und das Zerstörte wieder aufzubauen. Es schien erlaubt und gefordert zu sein, den so dringlichen materiellen Aufgaben nachzugehen; dies ganz besonders nach 1945. Anders liegt die Sache bei den *geistigen* Bestrebungen nach den beiden Weltkriegen. Hier weichen die Verhältnisse eklatant voneinander ab. In den zwanziger Jahren wurde nämlich durchaus nach einem neuen Geist gesucht. Dies beschreibt Christoph Lindenberg in seinem Buch »Die Technik des Bösen«[4] sehr treffend und eindringlich. Diese Suche war aber nebulös und stark gefühlsbetont, sie führte dann bei vielen zu dem tragischen Irrtum, im Nationalsozialismus so etwas wie einen »neuen Geist« gefunden zu haben.

Nach 1945 lagen in dieser Hinsicht ganz andere Bedingungen vor. Das geistig-weltanschauliche Streben schien durch den Nationalsozialismus wie desavouiert. Man hatte es weitgehend mit nationalen Emotionen verbunden, ein von solchen Gefühlen freies geistiges Leben war dagegen nicht aufgekommen – wer anders dachte, fühlte oder wollte, wurde zum Schweigen gebracht. Das führte für das Gesamtleben der westdeutschen Gesellschaft nach 1945 dazu, das Ringen um geistig-weltanschauliche Inhalte überhaupt als fragwürdig zu empfinden. Man hatte damit schlechte Erfahrungen gemacht, gestand sich aber nicht genügend ein, daß dafür die Gründe in der oberflächlichen bürgerlich-passiven Art des gesamten Kulturlebens, einschließlich der Schulen und Universitäten der vorausgegangenen Zeit, zu suchen waren. So wandte man sich in Westdeutschland nach 1945 vor allem dem Aufbau der daniederliegenden Wirtschaft und den neu zu begründenden For-

4 Christoph Lindenberg: Die Technik des Bösen. Stuttgart 1978.

men und Einrichtungen der parlamentarischen Demokratie zu; und es soll nicht bestritten werden, daß diese Bemühungen in vieler Hinsicht Früchte trugen. Festhalten müssen wir jedoch, daß das geistige Leben dabei zu kurz kam.

In Ostdeutschland wurde mit Hilfe der Besatzungsmacht die »Diktatur des Proletariats« durchgesetzt, bei der die Einheitspartei (SED) schließlich alle Angelegenheiten eines staatlich verordneten Sozialismus regelte. Das Kultur- und Geistesleben verkam zu einer Chimäre oder mußte neuerlich in den Untergrund oder nach dem Westen gehen. Der ostdeutsche Weg hat sich dann selbst ad absurdum geführt.

So kam man in beiden Teilen Deutschlands, wenn auch aus unterschiedlichen Gründen, nicht dazu, Fragen einer geistigen Erneuerung und solche einer geistigen Aufarbeitung der tieferen Ursachen für die Katastrophe der Jahrhundertmitte in genügender Breite zu stellen und zu bearbeiten. Das rächt sich jetzt. Wir haben es mit einem Vakuum zu tun. Deshalb stehen wir den Ereignissen wie Zuschauer gegenüber, die etwas ablaufen sehen, was seine eigenen Gesetze hat, das man aber historisch und zeitgeschichtlich seinem Wesen nach nicht beurteilen und beeinflussen kann.

Man hört allerdings immer wieder: Selbst, wenn wir brauchbare Ideen hätten, so könnte man dennoch wegen der gegenwärtigen sozialen Zwänge und politischen Verhältnisse nichts Entscheidendes bewirken. Dieser Einwand beweist nur, wie sehr man in Vorstellungen lebt, die Ergebnis des heute üblichen geistigen Lebens sind. Immerhin gibt es Ansätze für ein lebendiges, freies geistiges Leben. Diese werden allerdings nicht genügend vorurteilslos diskutiert und kommen so gegen die Übermacht von Wirtschaft und Politik nicht auf.

Die hier aus einem zeitgeschichtlichen Blickwinkel aufgezeigte Grenze unseres Erkennens ist auch kulturphilosophisch in den letzten Jahrzehnten vielfach beschrieben worden. Dafür wenigstens ein Beispiel. Peter Sloterdijk schreibt in seinem zweibändigen Werk »Kritik der zynischen Vernunft«[5] auf Seite 199: »Wir sind tatsächlich eingetaucht ins Zwielicht einer eigentümlichen existentiellen Desorientierung. Das Lebensgefühl der heutigen Intelligenz ist das von Leuten, die die Moral der Unmoral nicht fassen können, weil dann alles ›gar zu einfach‹ würde. Daher weiß auch, von innen her, kein Mensch, wie alles weitergehen soll.«

Wie kann es gelingen, die Stellung des einzelnen Menschen gegenüber dem Zeitgeschehen tiefer zu begreifen? Um uns einer Antwort auf diese Frage zu nähern, müssen wir ein Phänomen ins Auge fassen, das im seelisch bedingten Verhalten der Jugend in besonders auffälliger Weise zutage tritt. Dieses Verhalten zeigt sich so, daß es *kein einheitliches ist, sondern eine Art von Doppelantlitz trägt.* Einerseits stehen die jungen Menschen – in abgewandeltem und meist abgeschwächtem Sinne gilt dies für alle Menschen – ganz in der modernen materialistisch geprägten Umwelt darinnen, verhalten sich in ihr durchaus angemessen und wissen ihre diesbezüglichen Chancen wahrzunehmen. Sie setzen auch sehr persönliche Interessen durch und nutzen gegebene äußere Vorteile.

Andererseits können sie sich in bemerkenswerter Weise von dieser mehr äußerlichen Welt distanzieren. Sie sehen das Begrenzte dieser Welt und zeigen ihr gegenüber aus einem tieferen Lebensgefühl heraus eine große Portion gesunde Skepsis, Gelassenheit und Unempfänglichkeit für jede Art von ideologisch abgesegneten Programmen. Anderen Meinungen begegnen sie dabei durchaus tolerant und aufgeschlossen. Diese Haltung ist offenbar nicht das Ergebnis der heutigen Erziehung oder gar der Einflüsse einer nur egoistisch argumentierenden Umwelt. Was wir meinen, läßt sich an den Studenten der 68er Generation, aber auch an der zehn Jahre später aufkommenden Bewegung der Alternativen noch besser ablesen. Auch sie waren

5 Peter Sloterdijk: Kritik der zynischen Vernunft. Frankfurt a.M. 1983.

durch Erziehung und Umwelt so oder so geprägt. Das lieferte ihnen, indem sie sich gegen die älteren Generationen stellten, die Motive ihrer Proteste. Aber die Impulse zu diesen Protesten – Gerechtigkeitsgefühl, das Bedürfnis nach einer Erneuerung der Gesellschaft und des Kulturlebens (auch wenn sich all das dann in überlebte Formen ideologischer Denkklischees kleidete) – kamen nicht aus den politischen und gesellschaftlichen Verhältnissen des Umfeldes. Sie waren originär und stiegen aus tieferen Schichten ihres Seelenlebens auf.

Viel wird heute davon abhängen, daß man diese beiden Seiten des modernen Menschen sieht. Wir müssen uns versagen, im einzelnen darzustellen, was unsere Gesellschaft bei allen Halbheiten und paradoxen Interventionen den »idealistischen Generationen« von 1970 und 1980 verdankt. (Daß kleinere Gruppen gewalttätige Wege beschritten haben, ist eine pathologische Randerscheinung, die wir selbstverständlich verurteilen.) Sie haben für »mehr« Demokratie gekämpft, für den Frieden, für den Schutz der Umwelt und nicht zuletzt für die Befreiung von patriarchalischen Strukturen. Die Impulse dafür entnahmen sie, wie erwähnt, nicht der Umwelt oder dem, was sie in der Schule gelernt haben. Und doch gilt auch, was Matthias Horx in seinem Buch »Aufstand im Schlaraffenland«[6] rückblickend über diese Zeit schreibt: »Wir waren nicht Avantgarde, sondern Nachhut. Ausgerechnet wir, die wir uns stets als Individualisten und Spontaneisten fühlten, suchten jedes Mittel, um alles Individuelle in großen Weltanschauungsgebäuden aufgehen zu lassen.« Stehen wir damit nicht vor einem unauflösbaren Widerspruch? Nur dann, wenn wir das Seelenleben des modernen Menschen weiterhin als ein lineares, einheitliches, rational beschreibbares auffassen. Wenn wir jedoch den Gedanken zulassen, *daß in jedem Menschen eine Doppelnatur verborgen ist*, – was bei den Jugendlichen nur

6 Matthias Horx: Aufstand im Schlaraffenland, München 1989.

deutlicher weil unverdorbener hervortritt – dann sind die Sehnsüchte nach ›Individualität und Spontaneität‹ die originären Antriebe, die aus tieferen Schichten des Innenlebens aufsteigen, das Suchen nach neuen vereinheitlichenden Weltanschauungs-Gedanken aber nur Reflex einer allzu äußerlichen und verstandesbezogenen Erziehung und Umweltbezogenheit. Für die gegenwärtige Jugend liegt nun vor, daß inzwischen ›alles ausgereizt ist‹. Mit Matthias Horx' Worten: »Ende der 70er Jahre nun begannen sich die These-Antithese-Paare zu überschlagen ... Bald hatte sich dieser Prozeß derart beschleunigt, daß beim besten Willen nicht mehr zu erkennen war, was eigentlich ›These‹ und was ›Antithese‹ war. Kein Zufall, daß von diesem Moment an der Begriff ›Zeitgeist‹ inflationär wurde.« Und »in Sachen kritisches Bewußtsein und Radikalität haben wir kräftig alles abgegrast. Man könnte sagen: Wir waren perfekte Sinnvertilger.«

Das ist es, was der heutigen Jugend aus der Welt entgegentönt. Der Zusammenbruch der Ideologie des Ostens ist das äußere Pendant dazu. Aber auch allen Ideologien des Westens sagt diese Generation »ade«. Sie steht vor der Alternative: sich nur noch den materiellen Genüssen des Wohlstandes hinzugeben oder nach ganz neuen Quellen ihres Strebens zu suchen. Müssen wir nicht einsehen, und hier schließt sich der Kreis unserer Überlegungen, daß das ein Ergebnis und gleichzeitig die Zustandsbeschreibung einer Gesellschaft ist, die aus Angst vor einer vertieften Selbsterkenntnis die Frage nach einem wirklich freien, lebendigen Kultur- und Geistesleben unterdrückt hat? Ein solches Geistesleben kann aber aus dem heutigen nur hervorgehen, wenn dieses von jeglicher staatlicher Bevormundung und wirtschaftlichen Beherrschung durch die Medienmächte befreit wird. Ohne dem wird das Kulturleben weiterhin ein Schattendasein neben den Mächten der Wirtschaft und der Politik fristen.

Die Ost- und die Westdeutschen könnten sich bei diesen

Aufgaben ergänzen. Die ablehnende Skepsis gegenüber einem allzu äußerlichen Leben ist im Westen mehr individuell-intellektuell ausgerichtet, sie ist auch das Ergebnis einer länger andauernden Entwicklung. Im Osten, wo die neue Lage ruckartig zustande kam, hat sie eher den Charakter einer gemeinsam erlebten plötzlichen Freiheit, die zum Teil zunächst als schwer faßbar, ja als Vakuum erlebt wird.

Diese hoffnungsvollen Impulse sind bei aller Unbestimmtheit so geartet, daß sie, insbesondere bei der Jugend, nicht so ohne weiteres auf eine neuerliche Götzenanbetung hinauslaufen. Dazu Bettina Röhl (Jahrgang 1962): »Ich habe eine Art Utopie. Ich wünsche mir, daß die Menschen alle ein wenig vornehmer werden. Nicht im alten, aristokratischen, sondern im *echten* Sinn. Daß sie bescheidener und selbstgenügsamer werden können. Daß sie ernsthafter an sich selbst arbeiten. Daß sie genau überlegen, wo sie stehen, wie sie sich verhalten, und wie sie sich verändern können. Daß sie weniger jammern und sich mehr Mühe geben – mit sich selbst und mit den anderen. Es geht um so etwas wie Aufmerksamkeit.«[7]

Wir können uns fragen, was sich der Wirklichkeit nach in dieser Doppelnatur des Menschen ausspricht. Jeder von uns trägt etwas in sich, was er seine bessere, tiefere Natur nennen könnte. Diese liegt aber oft im Kampf mit der anderen Seite unseres Wesens, die sich als das geronnene Ergebnis unserer bisherigen Biographie erweist. Wenn man diesen Tatbestand in allen seinen Verzweigungen und Abwandlungen unter der *Annahme wiederholter Erdenleben* anschaut, würde ein ganz neues Licht auf alles das fallen, was wir auf den vorhergehenden Seiten auseinandergesetzt haben. Läßt man sich auf diese von R. Steiner ausführlich begründete Idee ein (z. B. in seinem Buch »Theosophie)[8], bekommt unser Dasein einen Sinn, der

7 Matthias Horx: Die wilden Achtziger, München 1987.

8 R. Steiner: Theosophie. 30. Aufl. Dornach 1978.

nicht im Materiellen aufgeht. In jedem von uns lebt ein besserer Mensch: die von Leben zu Leben gehende Geist-Seele. Sie ist der unbestimmte Quell unserer sozialen Impulse, die nach Verwirklichung im äußeren Geschehen drängen.

Die vielen Widersprüche des Lebens, in die sich besonders die Jugend immer wieder verstrickt sieht, wären dann notwendiger Ausdruck bestimmter, in die gewordenen Lebensverhältnisse einer Epoche hereindrängender vorgeburtlicher, geistiger Impulse einer neuen Generation. Woher sonst sollten denn die auf Erneuerung, Vertiefung, Ideenbildung gerichteten Impulse der Jugend kommen als aus »Mitgebrachtem«? Aus Strömungen innerhalb der Gesellschaft selbst können sie nicht gut bezogen werden, da sie dort nicht leben und gerade die Antwort der neuen Generation auf die Leere innerhalb unserer Gegenwartskultur darstellen.

Die Jugend trägt aus ihren tieferen Wesensschichten heraus Neues in das zur Erstarrung neigende soziale Leben hinein. Die Aufgabe einer zeitgemäßen Erziehung bestände dann darin, diese zwei Seiten der Natur des Menschen zum harmonischen Ausgleich zu bringen. Dabei drohen zwei Abirrungen: Wenn die geistigen Impulse nicht genügend an die vorhandenen Verhältnisse anknüpfen, kommt es zu turbulenten, unausgewogenen, bis ins Zerstörerische gehenden Revolutionen. Gewinnt dagegen das konservative, allzu pragmatische Beharren im Gewordenen die Oberhand, dann führt dies zu Lähmung und Gleichgültigkeit. Unsere Zeit braucht eine Einsicht in diese Gegebenheiten, da die Menschen immer individueller und selbständiger werden und deshalb immer weniger allgemeinen, unpersönlichen Wertesystemen oder gar irgendwelchen Autoritäten zu folgen bereit sind. Das liegt im Zug der Zeit. Es kommt jetzt darauf an, neue tragende Ideen zu entwikkeln. Äußere Fortschritte beheben jedenfalls die Defizite ideeller Motivationen nicht.

Auf gesellschaftlicher Ebene würden sonst die für den Einzelmenschen geltenden Einseitigkeiten sich entweder als dogmatisch verkrustete, von jeder Wirklichkeit abgehobene Ideologie zeigen, womit wir es letztlich in Ostdeutschland zu tun hatten, oder mit einer nur die irdischen, rein materiellen Interessen verfolgenden Denkungsart, wie sie sich besonders in Westdeutschland etabliert hat. So besehen besteht die Gefahr, wenn einzig die Verhältnisse des Westens auf den Osten übertragen werden, daß das vorher vorhandene fragwürdige Spannungsfeld – bei dem immer die eine Seite im Blick auf die andere sich selbst bestätigt sah – nicht wirklich abgebaut und durch Neues ersetzt wird. Dabei soll nicht bestritten werden, daß die Bundesrepublik in ihrer bisherigen Form durchaus vielfältige freiheitliche Strukturen entwickelt hat, die ihr auf verschiedenen Feldern ein berechtigtes Übergewicht erteilen. Es sollte aber auch gesehen werden, wie der Untergang des Staates, der sich aus der unbrauchbaren marxistisch-leninistischen Ideologie herleitete, die Forderung enthält, nun nach tieferen, wirklichkeitsgetragenen Ideen zu suchen, die ein für uns alle heilsames Gleichgewicht von geistigen und wirtschaftlichen Bestrebungen zuließe.

Wie könnten solche wirklichkeitsgetragenen Ideen, die dem gesellschaftlichen Leben wahrhaft angemessen sind, beschaffen sein? Sicher nicht so wie die Ideen, die wir im Sinne der modernen *Strukturwissenschaft* zugrunde legen, wenn wir zum Beispiel eine Maschine konzipieren oder einen Industriekomplex errichten. Hier – also im Bereich der Technik – geht es um die Anwendung allgemeiner Naturgesetze, wobei die Einzelheiten im Rahmen der jeweiligen Gesetze ihren festen, wohldefinierten Platz haben. Kennt man die Anfangsbedingungen eines so gearteten Zusammenhanges, so kann man die folgenden Abläufe voraussagen. Das Experiment liefert die Methode, die Richtigkeit der Annahmen oder Bedingungen vorab zu überprüfen: Dabei muß die Wiederholbarkeit garantiert sein, und es muß sichergestellt sein, daß wir selbst in keiner Weise auf das

Geschehen Einfluß nehmen. Wir müssen den Standpunkt eines *Zuschauers* einnehmen.

In einer ganz anderen Situation befinden wir uns, wenn wir unsere Stellung innerhalb des sozialen Lebens ins Auge fassen. Hier sind wir in jedem Moment Akteure, jede unserer Handlungen verändert das Geschehen, von Wiederholbarkeit kann nirgends die Rede sein, es sei denn, das soziale Leben ist bereits erstarrt und erstorben. Alles verläuft in einer Art von Kreisprozeß, wobei jedes Geschehen Ursache und Wirkung zugleich ist. Über unsere Motive wirkt die Zukunft auf die Gegenwart, und in den Folgen unserer Handlungen ist die Gegenwart Ergebnis der Vergangenheit. Diese lebendigen Wechselbeziehungen sind dann wiederum in vielfältiger Weise vom jeweiligen Ort, dem Zeitpunkt und von den daran beteiligten Menschen abhängig. Was wir so andeutungsweise beschrieben, ist etwas durch und durch Lebendiges, ganz im Gegensatz zu dem, was uns im Reiche der Technik als Ausdruck einer erstorbenen Welt entgegentritt. Das müssen wir uns bewußt machen. Nur so können wir nach und nach die für einen solchen sozialen Organismus maßgebenden Lebensgesetze auffinden, um dann aus der notwendigen Einsicht heraus dafür zu sorgen, daß das gesellschaftliche Leben sich gesund weiterentwickeln kann.

Beim Aufsuchen der angesprochenen Gesetze müssen wir vom einzelnen Menschen ausgehen. Er allein kann heute Quellpunkt der sozialen Impulse sein, und nur so wird man den wertvollsten Errungenschaften der Neuzeit, dem individuellen Freiheitsstreben und der Sorge um die Unantastbarkeit der Persönlichkeit gerecht. Alle abstrakten, ausgedachten Gesellschaftsformen, die einer Gruppe von Menschen übergestülpt werden, werden sich deshalb immer wieder als unbrauchbar und lebensfremd erweisen.

Es zeigt sich nun, daß es im Grunde genommen drei Forderungen sind, die aus den tieferen sozialen Bedürfnissen der Menschen aufsteigen und im Leben zur Wirksamkeit drängen.

Es sind dies die uns seit der Französischen Revolution wohlbekannten Ideale von Freiheit, Gleichheit und Brüderlichkeit (bzw. Solidarität, wie man heute zu sagen pflegt). Wer wäre nicht bereit, ihnen zuzustimmen und nachzustreben? Und doch kann einem dabei nicht verborgen bleiben, wie diese drei idealen Triebkräfte sich in der sozialen Wirklichkeit immer wieder gegenseitig stören, ja, im Widerspruch zueinander stehen. Dem ist nun nur abzuhelfen, wenn man im Sinne einer Weiterentwicklung der heutigen Staatsform konsequent auf eine *Dreigliederung des sozialen Organismus* hinarbeitet. Wir verweisen hiermit auf eine erstmalig und ausführlich 1919 von Rudolf Steiner in seiner Schrift »Die Kernpunkte der sozialen Frage«[9] der Öffentlichkeit vorgestellte Idee. Diese besagt, daß die genannten Ideale nur dann zur Wirkung kommen können, wenn erkannt wird, daß sie jeweils nur für ein Gebiet des sozialen Lebens maßgebend sind: die Brüderlichkeit für das Wirtschaftsleben, die Gleichheit für das staatlich-rechtliche Leben und die Freiheit für das Geistes- und Kulturleben. Daraus folgt nun aber, wenn man dies konsequent zu Ende denkt, daß diese drei Gebiete aus der Umklammerung durch den heutigen Staat befreit werden müssen.

Das Wirtschaftsleben kann sich nur dann dem Ideal der Brüderlichkeit nähern, wenn es sich nach seinen eigenen Gesetzen unabhängig von Politik und Staat selbständig organisiert. Aber auch das Kultur- und Geistesleben muß den Reglementierungen durch den Staat und seine Vertreter ganz entzogen werden. Es muß sich selbst verwalten und Formen entwickeln, die dem einzelnen Menschen Gelegenheit geben, seine individuellen Fähigkeiten in voller Freiheit zur Wirksamkeit zu bringen. Das allgemeine Rechtsleben, für das schließlich das Prinzip der Gleichheit aller mündigen Bürger vor dem Gesetz entschei-

9 R. Steiner: Die Kernpunkte der sozialen Frage in den Lebensnotwendigkeiten der Gegenwart und Zukunft. 6. Aufl. Dornach 1976.

dend ist, wäre dann das dem heutigen Staat verbleibende Aufgabenfeld. Diese drei Gebiete, die sich natürlich durchdringen (wenn ihre Grenzen auch nicht identisch sein müssen), würden sich so gegenüberstehen, wie die heute üblichen Staatsgebilde es tun. Der einzelne Mensch gehört in unterschiedlicher Weise und je nach seiner augenblicklichen Tätigkeit jedem dieser drei Felder des gesellschaftlichen Lebens an; und er bewirkt im lebensvollen Hin und Her seiner Interessen und Bedürfnisse wie seiner Pflichten, gemeinsam mit allen anderen, die Existenz einer funktionierenden sozialen Gemeinschaft.

Unser Staat will letztlich für alle drei Gebiete zuständig sein – so gesehen ist er ein Einheitsstaat. Das führt immer wieder zu den uns wohlbekannten schwerwiegenden und die Gesellschaft krank machenden Interessenverwirrungen; die dabei auftretenden Konflikte werden dann allzuoft nicht aus der Sache heraus, sondern durch bedenkliche Kompromisse, die weitgehend Ausdruck von Gruppenegoismen sind, unbefriedigenden Scheinlösungen zugeführt. Die Schulpolitik, die Politik der Subventionen, die wirtschaftliche Schlechterstellung von Minderheiten und vieles andere mehr gehören hierher. Ist die einseitige und allzu schnelle Übertragung westdeutscher Schulverhältnisse auf den Osten des vereinigten Deutschlands nicht auch ein Ergebnis dieser Unzulänglichkeiten? Die Menschen jenseits der Elbe haben gar nicht die Zeit gefunden, aus ihrer schmerzlichen vierzigjährigen Erfahrung heraus nach Formen des schulischen Lebens zu suchen, die echte Früchte dieser Erfahrungen hätten sein können. Das für die politisch-staatlichen Verhältnisse vielleicht notwendige Tempo übertrug sich durch das einheitsstaatliche Denken wie automatisch auf fast alle Fragen des Kultur- und Geisteslebens.

Aber auch die Frage des Eigentums an Grund und Boden und an den Produktionsmitteln, die durch den Sturz des SED-Regimes offengelegt wurde und in ihren ganz ungewöhnlichen Ausgangsbedingungen zu vielen Überlegungen Anlaß geben konnte, ist ganz im Stile westlichen Denkens gelöst worden. Es wären doch auch Rechtsübertragungen denkbar gewesen wie es zum Beispiel bei den Immobilien der freien Unternehmer oder einer Gruppe von Unternehmern üblich ist (bei den freien Schulen wären das dann die Eltern und Lehrer), nämlich Grund und Boden und die Produktionsmittel so lange zur Verfügung zu stellen, wie sie *für die Dauer der Tätigkeit benötigt werden.* So ließen sich vielleicht einige Einseitigkeiten des Privatkapitalismus vermeiden, und man hätte es andererseits aber auch nicht mit einem alles lähmenden Staatskapitalismus zu tun.

Ein dritter Gedanke mag diese auf das Konkrete zielenden Beispiele abschließen. Die Regierungen der heute verbreiteten Staatsgebilde (Einheitsstaaten) verwalten, wie gesagt, nicht nur die politisch-rechtlichen Angelegenheiten ihrer Bürger, sondern auch die wirtschaftlichen und geistig-kulturellen (die letzteren vor allem im Ausbildungsbereich, aber auch, mittels Subventionierungspolitik, manche Felder des Kunstsektors; in besonders extremen Fällen werden Sprache, Literatur und Medien verboten, wie im Falle der kurdischen Minderheit in der Türkei). Das kann dazu führen, daß Spannungen zwischen benachbarten Staaten tatsächlich nur dadurch auftreten, daß innere Probleme des einen Staates nicht wirklich in der Sphäre des Staates selbst gelöst, sondern nach außern getragen werden. Nehmen wir zum Beispiel den Fall, daß innerhalb der Grenzen eines Landes eine ethnische Minderheit lebt, die sprachlich und kulturell zur Hauptbevölkerung eines Nachbarlandes gehört. Der Staat, zu dem diese Minderheit zählt, wird nun im Sinne einer äußerlich wirkenden Trägkeit seiner politischen Strukturen (um nichts Schlimmeres anzunehmen) dazu neigen, diese der Zahl nach schwächere Gruppe zu benachteiligen oder zu unterdrücken (wie etwa die Albaner im jugoslawischen Kossovo). Das kann ihn dann in Gegensatz zum erwähnten Nachbarland bringen, bis hin zu kriegerischen

Auseinandersetzungen, wie die Geschichte leider zur Genüge lehrt.

In einem Territorium, in dem sich die Dreigliederung herausgebildet hat, würde das selbständige, von staatlicher Bevormundung freie geistig-kulturelle Glied des sozialen Organismus die Kraft besitzen, die in jedem Menschen veranlagten Fähigkeiten zu Toleranz und Mitempfinden so auszubilden, daß die Menschen unterschiedlicher Kultur sich ihre eigenen freien Einrichtungen schaffen und friedlich nebeneinander leben können. Wenn allerdings das Nachbarland auch zu einem sich selbst verwaltenden Kultur- und Geistesleben kommt, so könnte sich die Minderheit des einen mit der Mehrheit des anderen Landes auf diesem geistigen Felde verbinden, ohne daß die politisch-rechtlichen Grenzen verändert oder in Mitleidenschaft gezogen würden (tatsächlich bestehen diese Verhältnisse in konfliktfreier Weise wohl nur an einer Stelle auf der ganzen Welt: die französisch sprechenden Romands der Westschweiz sind kulturell nach Paris orientiert und gleichzeitig, auf der politischen Ebene, zuverlässige Mitglieder der Eidgenossenschaft). Fragen des kulturellen Sektors ließen (und lassen) sich somit allein auf kulturellem Felde lösen und müssen nicht zu einheitsstaatlichen Machtfragen führen, wie es bei den heutigen Nationalstaaten leider immer wieder vorkommt.

Nicht von einem Programm oder gar von einer Utopie ist hier die Rede. Das hier Vorgeschlagene kann nur Wirklichkeit werden, wenn jeder einzelne sich zu den entsprechenden Einsichten hinbewegt. Dann kann an jedem Ort, in jeder Lebenssituation mit einer solchen Gliederung Stück für Stück begonnen werden. Ansätze finden sich, wie gesagt, allerorten, so zum Beispiel auch bei den Schulen in freier Trägerschaft, insbesondere den Freien Waldorfschulen, die in ihrer Weise die Fruchtbarkeit eines von staatlicher Einrede unabhängigen Bildungswesens aufzeigen können.

Nun sollten wir jedoch nicht meinen, wir hätten erst noch vordringlichere Probleme zu bewältigen, bevor so grundsätzliche Fragen in Angriff genommen werden könnten. Die deutsche Vereinigung, diese vierte Zäsur innerhalb unserer Geschichte in diesem Jahrhundert, zeichnet sich durch sehr günstige Bedingungen im mitteleuropäischen Raume aus. Wir leben in Frieden mit unseren Nachbarn, verfügen über einen ansehnlichen Wohlstand und über freiheitliche Strukturen, die entwicklungsfähig sind. Damit tragen wir eine erhebliche Verantwortung all denjenigen gegenüber, die unter weit ungünstigeren Bedingungen ihre Verhältnisse ordnen müssen.

An die Stelle des kleinen Denkens über die allernächsten Forderungen der Gegenwart müßte jetzt ein großer Zug der Lebensanschauung treten, welcher die Entwicklungskräfte der neueren Menschheit mit starken Gedanken zu erkennen strebt, und der mit mutigem Wollen sich ihnen widmet ... Die Kräfte der Zeit drängen nach der Erkenntnis einer sozialen Struktur der Menschheit, die ganz anderes ins Auge faßt, als was heute gemeiniglich ins Auge gefaßt wird. Die sozialen Gemeinschaften haben sich bisher zum größten Teil aus den sozialen Instinkten der Menschheit gebildet. Ihre Kräfte mit vollem Bewußtsein zu durchdringen, wird Aufgabe der Zeit ...
... Deutschland ist aus der Weltkatastrophe so hervorgegangen, daß es die Grundlage für ein künftiges Verhältnis zu den anderen Völkern erst schaffen muß.

Rudolf Steiner 1919 im Aufruf
»An das deutsche Volk und an die Kulturwelt«

Einige Monate später...

Es ist das Risiko von Veröffentlichungen, die zu aktuellen Anlässen verfaßt werden, daß sie bereits vor ihrem Erscheinen vom stürmischen Gang der Ereignisse überholt werden können. Seit der Formulierung der Gedanken, die in den Beiträgen dieser Schrift ihren Niederschlag finden, hat sich die Situation auf dramatische Weise verändert und, im Zusammenhang damit, auch die Stellung Deutschlands in der Welt. Sind damit nun diese Gedanken und Fragen überholt oder bedeutungslos geworden, haben sich vielleicht gar die angesprochenen Probleme von selbst gelöst?

Nun, von irgendwelchen Lösungen kann keine Rede sein, jetzt, wo sich »der Himmel wieder schließt«, wie es der deutsche Außenminister zutreffend umschreibt. Nein, die Probleme haben sich weiter verschärft und akzentuiert: der Sturz in die Heimatlosigkeit, von den Studenten aus der ehemaligen DDR so eindringlich beschrieben, ist noch lange nicht beendet; er führt weiter in die Tiefe, von einem »einig Vaterland« kann, was Lebensqualität und Lebenshoffnung, Gleichberechtigung, innere Einstellung und Mentalität betrifft, keine Rede sein. Die *innere* Teilung ist alles andere als überwunden, sie wird immer offenbarer.

Aber auch die Bürde der Vergangenheit ist gegenwärtiger denn je. Kaum jemand dürfte jetzt noch denjenigen Vertretern der jüngeren Generation, die diese Bürde bewußt erleben, den Vorwurf der Selbstbemitleidung oder innerer Schwäche machen. Die unsäglich bittere Ironie, daß über jüdischen Menschen erneut die tödliche Bedrohung durch Giftgas deutscher Herkunft schwebte, ist kaum zu ertragen. Um so mehr, als die Schuld daran nicht allein nur bei einigen gewissenlosen Geschäftemachern des Todes liegt – die es immer und überall gibt –, sondern nachweislich auch bei der eigenen Regierung und den zuständigen Behörden, die seit langem davon wußten, aber die Hinweise nicht ernst nahmen und als Panikmache abtaten.

Entstehen solchermaßen Folgen aus Nichtstun, so erst recht aus Taten. Vielleicht ist das jetzt die Lektion, die es zu lernen gilt: Die Folgewirkungen von Taten sind, einmal vorhanden, nicht mehr aus der Welt zu schaffen, weder durch Beschlüsse, noch durch Wohlverhalten. So ist jetzt zu lernen, daß der Holocaust nicht abgetan, ad acta gelegt oder der Geschichte überlassen werden kann, sondern *mit dem Schicksal der Deutschen verbunden ist und bleibt;* der ganzen Welt ist es bewußt. Hätten Vertreter anderer Staaten an den Giftgaslieferungen nach Libyen und dem Irak mitgewirkt – möglicherweise haben sie es –, es hätte nicht diesen Alarm ausgelöst; man hätte es den einzelnen angelastet, die dafür verantwortlich gewesen wären, oder der Regierung, aber nicht dem *Volk*. Nicht so bei den Deutschen, bei denen die Fähigkeit zu solchem Handeln als Wesensmerkmal, also als Eigenschaft aller vermutet wird. Das ist natürlich falsch und beruht auf der Verwechslung von Volks*charakter* und Volks*schicksal*. Leider nur nützt diese Erkenntnis im Augenblick nicht viel.

Eine Katastrophe ist es allemal. Und wohl – neben der Konzeptions- und Ideenlosigkeit der politischen Verantwortungsträger – Ursache der Lähmung und der Ratlosigkeit, die gegenwärtig in Deutschland herrschen. Die bange Frage, die in manchen Beiträgen dieser Schrift durchschimmert, stellt sich erneut und diesmal sehr viel drängender: Kann aus dem deutschen Kultur- und Geistesleben noch etwas entstehen, können von hier aus originäre, zeitnotwendige Beiträge geliefert werden – oder ist dieser Kulturraum heute ein Vakuum? Erschöpft sich jetzt, wo eine neue Weltordnung mit Recht gefordert wird, der deutsche Beitrag in peinlichen Wiedergutmachungsgebärden und in moralisch ehrenwerten, aber gedanklich konzeptionslosen, konfusen Friedensdemonstrationen, die alles andere bewirken, nur nicht das, was sie beabsichtigen?

Die Frage bleibt, die Zukunft wird sie beantworten. Offenheit besteht jedenfalls in zwei Richtungen: einmal hin zur Ohne-mich-Haltung, aus Gleichgültigkeit oder aus der Angst, die eigene materielle Sicherheit könne in Gefahr geraten – die Tendenz zur »Verschweizerung« ist zweifellos vorhanden (laut einer Umfrage wünschen sich über 40 Prozent der Deutschen einen Lebensstil wie im Nachbarland).

Andererseits könnte die Ratlosigkeit aber auch zum Ausgangspunkt vertiefter Ratsuche werden, vorausgesetzt, sie ist Ausdruck einer größeren Bewußtheit als andernorts, wo mit unreflektiertem Kriegswillen einfach losgeprescht wird; einer Bewußtheit, die das Ergebnis zweimaliger Niederlagen und selbstverschuldeter Katastrophen ist. Die Deutschen wären dadurch in einer ebenso bevorzugten wie verantwortungsvollen Situation: Sie hätten die Chance, aus ganz anderen Erfahrungen und Einsichten heraus politische und soziale Vorschläge zu entwickeln als andere Völker, denen diese Selbsterfahrung fehlt.

Im Februar 1991 *Andreas Suchantke*

Die Verfasser der Beiträge

Wolfgang Bischofs. Geb. 1962 in Viersen/Niederrhein. Gelernter Bankkaufmann. Gegenwärtig Ausbildung zum Klassenlehrer und Fachlehrer für Musik an Waldorfschulen.

Dietmar Ferger. Geb. 1962 in Berlin. Nach dem Abitur pädagogische und heilpädagogische Arbeit in Südafrika und der Bundesrepublik. Einige Semester Agrarbiologie in Stuttgart-Hohenheim. Z.Zt. Ausbildung zum Klassenlehrer und Fachlehrer für Musik an Waldorfschulen.

Dr. Jens Heisterkamp. Geb. 1958 in Duisburg. Studium der Geschichte, Germanistik und Philosophie. Begründer und leitender Mitarbeiter/Dozent des Novalis-Hochschulvereins in Dortmund.

Christian Hüther. Geb. 1965 in Jena. Tischlerlehre. Seit Herbst 1990 Student im Grundkurs am Seminar für Waldorfpädagogik Witten/Ruhr.

Dr. Werner Rauer. Geb. 1926 in Kiel. Studium der Astrophysik und Mathematik. Langjährige Unterrichtstätigkeit an der Oberstufe der Freien Waldorfschule Rendsburg. Dozent am Institut für Waldorfpädagogik Witten/Ruhr. Mitglied im Vorstand des Bundes Freier Waldorfschulen in Deutschland. Betreuer mehrerer Schulgründungs-Initiativen in Deutschland-West und -Ost.

Ina Roland. Geb. 1970 in Rüdersdorf/Brandenburg. Ausbildung zur Grundschullehrerin in der DDR. Seit 1990 am Institut für Waldorfpädagogik Witten.

Thekla Schürmann. Geb. 1960 in Kalkar/Niederrhein. Ausbildung zur Gymnastiklehrerin und Bewegungstherapeutin in Loheland. Gegenwärtig Studium am Institut für Waldorfpädagogik Witten mit dem Ziel Klassenlehrerin und Fachlehrerin für Russisch.

Andreas Suchantke. Geb. 1933 in Basel. Studium der Biologie. 1963–82 Lehrer für Biologie und Geographie an der Oberstufe der Rudolf-Steiner-Schule Zürich. Wiederholte Forschungsaufenthalte in Südamerika, Afrika und Vorderasien. Zahlreiche Publikationen. Gegenwärtig Seminardozent am Institut für Waldorfpädagogik, Gastdozenturen in Brasilien, Schweden, Moskau.

Volker Wiemer-Kroll. Geb. 1950 in Hamburg. Studium der Biologie. Freiberufliche Tätigkeit als beratender Ökologe. Ausbildung zum Oberstufenlehrer in Biologie an Waldorfschulen.

Hans-Gerhard Wyneken. Geb. 1941 in Neunkirchen/Niederösterreich. Studium der Mathematik, Physik, Chemie und Biologie. Seit 1972 Lehrer für naturwissenschaftliche Fächer an der Oberstufe der Freien Waldorfschule Essen. Dozent am Institut für Waldorfpädagogik Witten und beteiligt am Aufbau eines Waldorfseminars in Rumänien.

Michael Kirn

Der deutsche Staat in Europa

Aufgaben und Ziele des vereinigten Deutschland

280 Seiten, kartoniert

Mit den aufrüttelnden Ereignissen des Jahres 1989 stellt sich erstmals seit dem letzten Krieg die Frage nach der Selbstbestimmung des deutschen Staates, nach seinen geschichtlichen Grundlagen und Erfahrungen.
Schrieb die Verfassung der DDR die Pflichten des einzelnen gegenüber der Gemeinschaft fest, so besteht das Grundgesetz vor allem aus Rechten des einzelnen zur Selbstentfaltung, wurde sogar im Staatsvertrag mit der DDR die Soziale Marktwirtschaft als Staatsziel fixiert. Daraus ergeben sich für den Staatsrechtler Michael Kirn kritische Fragen: Steht nicht hinter der Förderung des Tüchtigen einerseits und der Unterstützung des auf der Strecke Gebliebenen andererseits der unaufhebbare Antagonismus zwischen den Begriffen »Sozial« und »Markt«? Liegen die Mängel nicht schon in einer unzureichend durchdachten Verfassungsorganisation? Mit sauberen Funktionsabgrenzungen sollte sich der Staat als unabhängiger Verfassungs- und Rechtsgeber auf seine zentralen Aufgaben beschränken.

Aus dem Inhalt:

Annus mirabilis: 1989. Die »Volksdemokratie« als Anachronismus der Geistesgeschichte.

Kurze Geschichte der Teilung Deutschlands

Zum Problem der Geschichtlichkeit des deutschen Staates. Die unpolitische Natur des Ost-West-Gegensatzes.

Grundfragen der Staats- und Gesellschaftsorganisation

Ein Weg zum Verständnis der Sozialen Dreigliederung. Die Verfassung der Vereinigung Deutschlands. Das Sozialrecht als verborgene Dimension der Gesellschaftsverfassung. Privateigentum und Produktivkapital. Die deutsche Vereinigung und der Eigentumsbegriff.

Aspekte der Zukunft Deutschlands

Der deutsche Staat in Europa. Der deutsche Staat in der Welt. Der deutsche Staat in Deutschland.